Caféhäuser in München

Kleine Münchner Geschichten

Herausgegeben von
Thomas Götz

Christine Riedl-Valder

Caféhäuser in München

Geschichte(n) aus drei Jahrhunderten

Verlag Friedrich Pustet
Regensburg

»München will gar nicht erörtert, München will gelebt und geliebt sein.« Wer möchte Ernst Heimeran (1902–1955), dem dieses so urmünchnerisch klingende Leitmotiv zugeschrieben wird, ernsthaft widersprechen? Doch vielleicht wird man ihn ergänzen dürfen, ihn, den großen Verleger und Autor, der in Schwabing das Gymnasium besuchte und wie viele als „Zuagroaster" in München Wurzeln schlug: Die Liebe zur ersten oder zweiten Heimat schließt die Kenntnis über sie nicht aus – und umgekehrt.

Die Geschichte einer Stadt ist ebenso unerschöpflich wie die Geschichten, die in ihr spielen. Ihre Gesamtheit macht sie unverwechselbar. Ob dramatische Ereignisse und soziale Konflikte, hohe Kunst oder niederer Alltag, Steingewordenes oder Grüngebliebenes: Stadtgeschichte ist totale Geschichte im regionalen Rahmen – zu der auch das Umland gehört, von dem die Stadt lebt und das von ihr geprägt wird.

München ist vergleichsweise jung, doch die über 850 Jahre Vergangenheit haben nicht nur vor Ort, sondern auch in den Bibliotheken Spuren hinterlassen: Regalmeter über Regalmeter füllen die Erkenntnisse der Spezialisten. Diese dem interessierten Laien im Großraum München fachkundig und gut lesbar zu erschließen, ist das Anliegen der *Kleinen Münchner Geschichten* – wobei *klein* weniger kurz als kurzweilig meint.

So reichen dann auch gut 160 Seiten, zwei Nachmittage im Park oder Café, ein paar S- oder U-Bahnfahrten für jedes Thema. Nach und nach wird die Reihe die bekannteren Geschichten neu beleuchten und die unbekannteren dem Vergessen entreißen. Sie wird die schönen Seiten der schönsten Millionenstadt Deutschlands ebenso herausstellen wie manch hässliche nicht verschweigen. Auch Großstadt kann Heimat sein – gerade wenn man ihre Geschichte(n) kennt.

Dr. Thomas Götz, *Herausgeber der Buchreihe, lehrt Neuere/Neueste Geschichte an der Universität Regensburg und forscht zu Stadt und Bürgertum in der Neuzeit.*

Inhalt

Vorwort

„Jetzt werd, wohin man immer schaut,
Kaffeehaus um Kaffeehaus 'baut.
Den Ruf als Bierstadt büaß' ma ein,
bald wer'n ma a Kaffeestadt sein!"

(Anonymer Münchner Volkssänger
anlässlich der Eröffnung des
„Café Prinzregent", 1893)

Zweifellos darf sich die bayerische Landeshauptstadt, die mittlerweile auf eine mehr als 300 Jahre lange, bedeutende Caféhaus-Tradition und -Kultur zurückblicken kann, heute als „Kaffeestadt" bezeichnen. Trotzdem erscheint die Furcht, ihr weltberühmter Status als Bierstadt könnte darunter leiden, bei manchen Oberbayern noch immer so aktuell wie zu Zeiten des zitierten Volkssängers vor 125 Jahren. Völlig zu Unrecht, denn die abwechslungsreiche und sehr individuell geprägte Geschichte der Münchner Cafés und ihres Publikums, die hier erstmals ausführlich behandelt wird, zeigt vielmehr zusätzliche schillernde Facetten der Metropole. Die Fülle und Vielschichtigkeit der Historie macht es dabei jedoch unmöglich, sie chronologisch oder systematisch eindeutig zu durchleuchten. Die kulturhistorische Bedeutung der Münchner Cafés wird daher anhand einiger wichtiger Phasen und Themenbereiche sowie mit charakteristischen Beispielen beschrieben.

Die Angst der Münchner Wirte vor der Konkurrenz der Caféhäuser lässt sich bis zu deren Aufkommen im 18. Jh. zurückverfolgen. Man hatte bald erkannt, welches Potential in diesem Getränk steckt, das nicht berauscht, sondern den Geist anregt. Die neuartigen „Gasthäuser der Nüchternheit" wurden sehr rasch zum beliebten Treffpunkt und zu Spiegelbildern der Stadtgesellschaft. Die bayerischen Kurfürsten und Könige spielten dabei sehr lange – bis in die Anfänge des 20. Jhs. – eine tragende Rolle. Schnell kamen aber auch die Stammlokale für alle Schichten des Bürgertums auf. Bei Münchens ersten namhaften Cafetiers, den Italienern Giovanni Pietro Sarti, der sein Lokal im letzten Viertel des 18. Jhs. am Hofgarten betrieb, und seinem Nachfolger Luigi Tambosi, verkehrten sowohl die gesellschaftliche Eliten als auch Gelehrte, Schriftsteller, Künstler, Einheimische und Auswärtige aller Couleur – und ausdrücklich auch die Damenwelt! Das Caféhaus wurde zum Inbegriff einer von Standes- und Geschlechtsunterschieden befreiten Geselligkeit, in der nicht der Überschwang des Rausches, sondern die Aufgewecktheit des Geistes den Ton angab. Für viele bedeutete es zudem eine zweite Heimat, ein öffentliches Wohnzimmer, in dem man sich mit Freunden und Geschäftspartnern traf, ein wichtiger Ort für Informationen und Diskussionen, eine Ideenschmiede für neue Projekte und ein inspirierender Arbeitsplatz für alle Kreativen. Konventionelle Vereine und avantgardistische Zirkel machten ihre Stammcafés zu Brennpunkten des öffentlichen Lebens. Für Frauen, deren Wirkungsbereich sehr lange auf das häusliche Umfeld begrenzt war, wurde es zum Schauplatz ihrer Emanzipation. Die moderne Industriegesellschaft hat dann den Kaffee, den man sich schnell in Cafeterias und Espressobars verabreicht, als Allerweltsrezept für Effizienz und gesteigerte Leistung definiert. Man sieht: Die Rolle, welche die Münchner Caféhäuser für ihr Publikum spielten und spielen, war und ist vielfältig; sie wurde und wird immer wieder neu definiert.

Trotz zahlreicher Studien und Untersuchungen hat der Kaffee bis heute sein ureigenes Geheimnis bewahrt, denn die über 1.000 Inhaltsstoffe der Kaffeebohne konnten bislang von der Forschung nicht vollständig analysiert werden. Vor allem die Substanz, die zu Gesprächen anregt und das Getränk so kommunikativ macht, wird wohl für immer unbekannt bleiben.

„... ordentlich konzessionierte und berechtigte Caffeesieder" – Die ersten Kaffeeköche und -trinker in München

Baierwein und Biersuppe: Der Getränkekonsum der Münchner seit dem Mittelalter

Schon seit einigen Generationen ist der Kaffee in Bayern – wie auch in der übrigen Welt – als stärkendes Elixier innerhalb einer rationell denkenden Leistungsgesellschaft fest verankert. Bis heute ist er für viele Zeitgenossen ein unerlässlicher Wegbegleiter durch einen arbeitsintensiven Alltag und eine willkommene Stimulation für anregende Gespräche. Doch was nahmen die Münchner zu sich, bevor die Kaffeebohnen die westliche Welt eroberten? Zu den ältesten Getränken der Menschheit gehören Wasser und Tees aus Kräutern, Gewürzen und Früchten. Während Letztere v. a. zu Heilzwecken eingenommen wurden, barg Ersteres gewisse Risiken: Wasser war zwar überall verfügbar und wurde in Stadt und Land getrunken, doch bestand stets die Gefahr, dass sich durch Verunreinigungen Krankheiten und Seuchen verbreiteten. Milch war ebenfalls lebensnotwendig, besonders für die ersten Lebensjahre, hatte aber, abgesehen von ihrer Verwendung in der Volksmedizin und bei okkulten Praktiken, keine größere Bedeutung als Getränk. Dagegen spielten Alkoholika in Form von Wein und Bier im Mittelalter eine zentrale Rolle im Speiseplan. Sie waren nicht nur ein Genussmittel, sondern gehörten zu den Hauptnahrungsmitteln für alle Altersstufen.

Wein war bis ins 16. Jh. in ganz Altbayern das wichtigste Volksgetränk, und die Schankwirte besaßen hohes Ansehen innerhalb der Gesellschaft. In München rangierte ihre Zunft gleich nach den Handelsleuten an zweiter Stelle. Der niederbayerische Humanist und Universalgelehrte Johannes Aventinus, selbst Sohn eines Weinwirts, charakterisierte seine Landsleute noch 1526 in seiner Bairischen Chronik wie folgt: „Der gemeine Mann sitzt am Tag und bey Nacht beim Wein, schreit, singt, tanzt, kart und spielt …“ München kam in diesem Zusammenhang große Bedeutung zu, denn die Stadt war ein wichtiger Umschlagplatz der Tiroler und oberitalienischen Weine.

Aufgrund der klimatischen Veränderungen und der hohen Preise für Importwein wurde seit dem 16. Jh. zunehmend Bier produziert. 1738 spottete Wiguläus Xaver Alois Freiherr von Kreittmayr in seinen „Anmerkungen zum Baierischen Landesrecht“ über den mittlerweile sehr sauren Wein in Bayern, „wo der Essig, der anderswo mit großer Mühe bereitet werden muss, von selbst wächst“. Dem Bier hingegen bescheinigte er den Stellenwert eines „fünften Elements“. Bier und die Biersuppe – ein je nach Verfügbarkeit und Gusto in seinen Bestandteilen wechselndes Gemisch aus erwärmtem Bier, Butter, Eiern, Milch, Zucker und Brot – bildeten zum Frühstück und tagsüber einen wesentlichen Bestandteil der Alltagsnahrung sowohl der Städter als auch der Landbevölkerung. Bis ins 18. Jh. hinein unterschied sich das Frühstück auch kaum von den übrigen Hauptmahlzeiten des Tages und bestand aus erwähnter Bier-, Mehl- oder Milchsuppe. Der Historiker Lorenz von Westenrieder (1748–1829), der das erste Stadtporträt Münchens verfasste und dabei viele volkskundliche Aspekte miteinbezog, beschrieb die Ernährungsgewohnheiten seiner Mitbürger im Jahr 1782 folgendermaßen: „Allgemein gesagt, nimmt der Bürger und Handwerker noch kein Frühstück, und setzt sich um elf Uhr Vormittag zur Ersten, und um sechs Uhr Nachmittag zur zwoten Mahlzeit. Rind- oder Kalbfleisch, Bier und Brod sind das gewöhnlichste, was er genießt, und Schweins-, Kalbs- und Gänsebraten sind seine besten Gerichte, und Bier sein bester Trank. Wein, oder Brandwein wird ordentlicher Weise nicht getrunken, auch nicht Toback geschmaucht … Der Vornehmere überläßt sich dem Üblichen der Üppigkeit, so gut es sein Vermögen leidet, oft mehr vielleicht, als seine Einnahme es zuläßt. Sein Frühstück sind Koffee, Chokolade, oder Thee, und seine Speisen und Getränke auf die Tafel sammelt er aus ganz Europa, und läßt sie, wie viele seiner Medicinen, über entfernte Meere kommen. Nach der Tafel bedient man sich scharfer, gebrannter

Wässer, Weine, oder des Koffees, um die Speisen zu verdauen." Der sehr teure Bohnenkaffee konnte damals also in der Regel nur von den finanziell besser gestellten Schichten der Stadtbevölkerung genossen werden.

Zu den genannten Getränken kam, wie von Westenrieder oben schon erwähnt, noch der Branntwein – die erste Beschreibung des Destillierens in Deutschland lieferte übrigens der Regensburger Bischof Albertus Magnus (1200–1280) –, den man zuerst als Medizin gegen die Pest und Gicht anwendete, der ab dem 16. Jh. aber ebenfalls kommerziell hergestellt und als Genussmittel von breiten Schichten konsumiert wurde. Obrigkeit und Adel förderten im Allgemeinen diese Entwicklung, da die Vergabe von Schanklizenzen, Steuern und Abgaben bald eine wichtige Einnahmequelle für sie darstellte.

Aufgrund dieses ungezügelten Alkoholkonsums war die Trunksucht in allen Bevölkerungsschichten, bei Männern wie Frauen, Katholiken wie Protestanten, weit verbreitet. Seit Beginn des 16. Jhs. erschien eine Reihe von Verboten, Predigten und Polemiken gegen maßloses Trinken. Martin Luther, obwohl selbst kein Kostverächter, definierte das „Saufen" als „eine Art Pest, welche durch Gottes Zorn über uns geschickt ist". Viele andere Reformatoren und Gelehrte zogen vehement „Wider den Saufteufel" und gegen das „grewlichen Laster der Trunckenheit" zu Felde. Die langsam gebräuchlich werdenden Heißgetränke Kaffee und Tee kamen hingegen einer veränderten Lebensart und einem neuen Gesellschaftsstil entgegen, indem sie dem in ganz Europa verbreiteten Alkoholmissbrauch mit der Zeit erheblich Einhalt geboten. „Tee und Kaffee haben dem Laster der Trunkenheit stärkere Schranken gesetzt als die Lehren der Moralisten, die Wissenschaften und die Aufklärung", resümierte der französische Politiker Honoré Gabriel de Riqueti, comte de Mirabeau (1749–1791).

Von der Bürgerstadt zur Fürstenresidenz – Der Niedergang von Handel und Gewerbe in München ab dem 17. Jahrhundert

Abgesehen vom ausgeprägten Weinhandel – daneben auch noch Salz-, Tuch- und Kupferhandel – war das wirtschaftliche Leben Münchens damals mehr von Gewerbe und Handwerk geprägt und vorwiegend auf den lokalen Bedarf ausgerichtet. Die Krämer konnten ihre Waren größtenteils in Augsburg, Nürnberg oder auf der jährlich in München stattfindenden Jakobidult erwerben, wo auswärtige Gewürzgroßhändler seit dem 14. Jh. ihre Importware feilboten. Handwerker und Dienstleister mussten der jeweiligen Zunft, die das Produktions- und Verkaufsmonopol hatte, angehören. Sie unterstanden deren Richtlinien und Oberaufsicht und waren zur Leistung von Abgaben verpflichtet. Voraussetzung für die Aufnahme in diese Gemeinschaft waren neben der einschlägigen Profession das Bürgerrecht, ein eigener Hausstand mit einem „ehelich Weib“, eine eheliche Abstammung und keine Zugehörigkeit zu Familien mit „unehrlichen“ Berufen wie Henker, Schinder oder Wasenmeister (Abdecker). Erst gegen Ende des 18. Jhs. entwickelten sich feste Preise für die Betriebserlaubnis in den verschiedenen Gewerbesparten.

Bereits ab der 2. Hälfte des 16. Jhs. litt der Münchner Handel aber immer mehr unter dem Unwesen der Hausierer. Die bei den einheimischen Gewerbetreibenden verhassten „Savoyarden“ und „Welschen“ aus der Schweiz und Norditalien überschwemmten Stadt und Region als Rosenkranzhändler, Glasträger, „Kimmichkehrer“ (Kaminkehrer) und „Lemoniträger“ (Limonadenhändler). Um 1550 versuchte man durch einen Ratsbeschluss zu verhindern, dass sich zukünftig weitere Ausländer in der Stadt niederlassen. Dieses Verbot konnte jedoch nicht durchgesetzt werden. Bis ins 19. Jh. wurden v. a. zahlreiche Italiener in die Münchner Handelszünfte aufgenommen, oder sie waren als ehemalige Hofbedienstete von Abgaben befreit und brachten es zu ansehnlichem Wohlstand. Die Familien der Cler, Ossinger, Dall'Armi, Brentano, Fimal, Ruffini, Massari, Morassi, di Pasqual, Divora, Maffei, Sabadini oder der berühmte Cafetier Tambosi prägten das städtische Geschäftsleben. Im Jahr 1780 befanden sich von den 58 Münchner Kaufmannsgeschäften 34 in italienischer Hand. Der bayerische Historiker Lorenz von Westenrieder schrieb damals: „Wo man in München einen Kramerladen erblickt, da endet sich's gewöhnlich auf ‚ano' oder ‚ino'."

Eine schillernde Persönlichkeit war der reiche Salzkaufmann Johann Baptist Reichsritter von Ruffini (1672 Meran–1749 München), der 1696 an die Isar zog und in der Folgezeit zum Bayerischen Hofkammerrat und zum Kaiserlichen Rat avancierte. 1708 erwarb er ein Anwesen am Rindermarkt, dessen Nachfolgebau (Hausnr. 10) mit aufwendigem Fassadenschmuck noch heute an seine Familie erinnert. Er tätigte mehrere Stiftungen und erwies sich als großzügiger Mäzen der Kurfürsten Max II. Emanuel und Karl Albrecht. Nicht zu Unrecht verlieh man ihm daher posthum den Titel „bayerischer Krösus des 18. Jhs."

Die politische und wirtschaftliche Eigenständigkeit der Stadt wurde im Zeitalter des angehenden Absolutismus zunehmend ausgehöhlt. Schon 1587 entzog Herzog Wilhelm V. den Münchnern vorwiegend aus fiskalischen Gründen die uralten Salzhandelsprivilegien und schuf, schon im Geiste des kommenden Merkantilismus, ein staatliches Salzmonopol. Die altehrwürdige Salzsenderzunft ging damals sang- und klanglos unter. Herzog Maximilian beanspruchte 1598 ausdrücklich die Ernennung der Münchner Bürgermeister für sich und erließ 1616 eine Allgemeine Landordnung mit Polizeiordnung, durch die die einst freien Bürger zu Untertanen herabgestuft wurden. Ihre Eigenständigkeit wurde immer mehr beschnitten. 1626 übte der Kurfürst heftigste Kritik an der Stadtverwaltung und verlangte eine neue Ratsordnung, die ihm zur Genehmigung vorzulegen war, und ab 1638 mussten die Bürger ihre Stadt, die seit 1623 kurfürstliche Residenzstadt war, auf Befehl Maximilians unter großem Einsatz von Arbeitskraft und Geld zur Landesfestung ausbauen. Der Staatsbankrott im Jahr 1654, bei dem alle Zinsforderungen der Gläubiger, die sich seit 1632 angehäuft hatten, verfielen, bedeutete für die Münchner Bürgerschaft einen Verlust von 45.000 Gulden – eine riesige Summe, wenn man sie mit den jährlichen Steuereinnahmen von durchschnittlich 6.000 Gulden vergleicht.

Nicht nur durch die Auswirkungen des 30-jährigen Krieges und der damit verbundenen Zerstörungen, Einquartierungen, Kontributionen und Seuchen wurden Handwerk und Gewerbe in München erheblich geschwächt. Das Stadtbürgertum sah sich auch immer mehr eingeengt durch die Ausbreitung des kurfürstlichen Hofes mit seiner privilegierten Eigenwirtschaft sowie den Hofhandwerkern und -künstlern, die befreit waren von den Zahlungen an die städtischen Zünfte. Die absolutistische Hofhaltung und der Repräsentationsdrang der bayerischen Kurfürsten beanspruchten zunehmend Bau- und Wirtschaftsraum innerhalb der Stadtbefestigung für zahlreiche Adelspalais, neue Klöster, Ordensniederlassungen und soziale Stiftungen. Dazu kamen horrende Staatsausgaben. Kurfürst Max II. Emanuel, der ein Verschwender im großen Format war, hinterließ nach seinem Tod 26 Mio. Gulden Schulden. Allein seine Heerzüge, die zumindest ihm selbst den Ruhm als „Blauer Kurfürst" einbrachten, hatten das Land unermessliche Blutopfer und 15 Mio. Gulden Aufwendungen gekostet. 1691/92 regierten Hungersnöte; Handwerker, Handelsleute, Grundherren und Klöster verarmten. „In Stet, Märkt und aufm Land hört man nichts als Lamentation ...", beschrieb Graf von Maxlrain damals die Lage. Es folgte die zehnjährige Besetzung Münchens durch österreichische Truppen im Spanischen Erbfolgekrieg zwischen 1705 und 1715 mit dem traurigen Ereignis der „Sendlinger Mordweihnacht" (1705), in der patriotische Bauern und Münchner Bürger niedergemetzelt wurden oder auf dem Schafott endeten. Für die Einquartierung der kaiserlichen Truppen musste die Stadt München rund 150.000 Gulden aufbringen. Aber schon drei Jahre zuvor war sie bereits bankrott und konnte keine Zinsen mehr an die Gläubiger bezahlen.

Die Geldknappheit prägte auch in der Folgezeit das Leben im Schatten der kurfürstlichen Residenz. 1750 betrug die Verschuldung Münchens 100.000 Gulden, 1803 bereits das Sechsfache davon.

„La moda italiana" am Münchner Hof

Neben dem Vorbild Frankreichs, das im Barockzeitalter tonangebend wurde, entwickelte der bayerische Herzogshof ab der Frühen Neuzeit ein lebhaftes Interesse an italienischer Kultur und Lebensart. Die von Italien ausgehende geistige Strömung des Humanismus gewann zunehmend Einfluss auf das Wittelsbacher Herzogshaus. Während der Regierungszeit Herzog Wilhelms IV. (reg. 1508–1550) vermittelte u. a. der Universalgelehrte Johannes Aventinus, der die Erziehung der jungen Prinzen Wilhelm, Ludwig und Ernst übernahm und als erster Hofhistoriograph wertvolle Forschungsarbeit in vielen Bereichen leistete, wichtige Impulse. Beispielsweise sorgte sein einstiger Schüler Herzog Ludwig X. für die Errichtung der Landshuter Stadtresidenz, des ersten Renaissancebaus nördlich der Alpen. Herzog Albrecht V. (reg. 1550–1579) verschrieb sich in seiner Hofhaltung ganz dem Vorbild der italienischen Renaissancefürsten. Mit seiner damit verbundenen ausgeprägten Sammelleidenschaft und Vorliebe für Preziosen legte er den Grundstock für die reichen Schatzkammern der Residenz. Seine Agenten besorgten in Italien und den Niederlanden antike Plastiken, kostbare Tapeten, Münzen, Kleinodien, Reliquien, einheimische und exotische Raritäten, Kuriositäten und ganze Menagerien. Hofbaumeister Wilhelm Egkl errichtete hierfür bis 1571 das Antiquarium, in dem Bibliothek und Antikensammlung Platz fanden. 1576 ließ er in Faenza ein mehrere hundert Stück umfassendes Prunkservice aus Majolika für den bayerischen Hof fertigen, das erste in Bayern vorhandene einheitliche Tafelservice mit gleichem Dekor auf den verschiedenen Gefäßen. Rund hundert Einzelteile haben sich davon noch in der Residenz und dem Bayerischen Nationalmuseum erhalten.

Während der Regierung von Kurfürst Ferdinand Maria (reg. 1651–1679) und Henriette Adelaide von Savoyen (1636–1676), die als 16-Jährige nach München kam, intensivierten sich die Einflüsse der italienischen Kultur und Lebensart. Das Hofleben entwickelte sich zu einer Abfolge glanzvoller Veranstaltungen. Prächtige Ballettaufführungen, Feuerwerke, Maskeraden, Schlitten- und Gondelfahrten, Hirschjagden, Maskenbälle,

Karussells, Wasserfeste auf dem Starnberger See und galante Schäferspiele wurden heimisch in München. Das Turnierhaus vor dem Schwabinger Tor, 1660/61 erbaut, sah glänzende sportliche Wettkämpfe. Die italienische Oper zog mit dem neuen Hofkomponisten Ercole Bernabei in das bis 1657 von Francesco Santurini errichtete Opern- und Komödienhaus am Salvatorplatz in München ein, war ab 1753 auch im eleganten Cuvilliéstheater zu hören und beherrschte bis ins 19. Jh. die Theaterwelt der Stadt. 1663 ließ der Kurfürst aus Dankbarkeit für die Geburt des lang ersehnten Stammhalters Maximilian II. Emanuel die Theatinerkirche erbauen, das erste Gotteshaus im Stil des italienischen Hochbarocks nördlich der Alpen. Schloss Nymphenburg, errichtet von Agostino Barelli nach dem Vorbild der Villa Reale in Turin, war ein Geschenk an seine Gemahlin. Gleichzeitig wurde der Münchner Hofstaat um eine große Schar von Landsleuten der Kurfürstin bereichert: Italienische Hofdamen, Kavaliere, Künstler, Sänger, Musiker, Tänzer, Kaufleute und Geistliche siedelten sich an, blieben in der Folgezeit hier sesshaft und unterhielten eine eigene Grablege bei den Theatinern von St. Cajetan. Aus diesem Kreis entstammte auch der erste bedeutende Münchner Cafetier Giovanni Pietro Sarti, der Begründer des heutigen Hofgartencafés Tambosi (s. S. 39ff.).

Für die Hofgesellschaft unter Maximilian II. Emanuel (reg. 1679–1726) war es laut den erhaltenen Rechnungen bereits üblich, Tee, Kaffee und Schokolade zu konsumieren. Da in Frankreich unter König Ludwig XIV. (1638–1715) in Versailles der Genuss der neuen Heißgetränke in Gebrauch kam, wurde diese Mode von den übrigen europäischen Adelshöfen eifrig kopiert. Durch die Entdeckung neuer Seewege und fremder Erdteile sowie die damit verbundene Ausweitung des Fernhandels entwickelte man gleichzeitig eine Vorliebe für alles Exotische, das der steifen Hofetikette eine verspielte Note gab. Dem Adel dienten die teuren Genussmittel zur Selbstinszenierung und zur Demonstration eines luxuriösen Geschmacks, den man sich leistete. Bei Festveranstaltungen orientierten sich Hoftafel und Speisenfolge in der Residenz seit 1680 nachweislich am „Service à la française" gemäß der Etikette am französischen Königshof. Umfang und Art der Gedecke sowie Abfolge der Gerichte waren nun streng festgelegt und erforderten in großem Umfang verschiedenste Geschirrteile. Bei den Entrées und den Hauptgerichten, von denen jedes zahlreiche Gerichte umfasste, blieb Silber lange Zeit das bevorzugte Material des Tafelservices. Für den dritten, den Dessertgang mit Süßspeisen, Backwerk, Konfekt und Kaffee, wurden bald Teller und Schalen aus Porzellan üblich.

Neben dem großen Tafeln gab es das Speisen im kleinen, intimen Bereich – eine noch unter Max II. auch in Kurbayern aufkommende Gegenreaktion auf das steife, pathetische Zeremoniell in Versailles. Dafür brauchte man zahlreiche Kaffee-, Tee- und Schokoladenservice, die bezeichnenderweise „Solitaire" (für Einzelpersonen) und „Tête-à-Tête" (für zwei Personen), als Frühstücksgedeck auch „Déjeuner" hießen. Die neuen Heißgetränke erforderten andere Trinkgefäße als die Gläser und Humpen, aus denen man gewohnt war, Wein und Bier zu konsumieren. Vor der Porzellanproduktion in Meißen, die 1710 einsetzte, und in Nymphenburg, die in den 1750er-Jahren aufgebaut wurde (s. S. 32ff.), benutzte man importierte chinesische Porzellanschälchen, Koppchen genannt (von it. „coppa" = Schale), deren Gebrauch ebenfalls Ausdruck dieses verfeinerten Lebensstils war. Für den Genuss der Modegetränke entstanden in den Schlössern spezielle Kabinette. Auch Kurfürst Max II. ließ durch Joseph Effner ab 1716 in der in Nymphenburg errichteten Pagodenburg – der damals aktuellen Chinamode entsprechend – exotisch dekorierte Kabinette und Teezimmer einrichten.

Die Anfänge bürgerlicher Kaffeekultur in München

Unter Kurfürst Max. II. etablierte sich der Kaffeegenuss nicht nur innerhalb der Hofgesellschaft, sondern auch in der Residenzstadt München. Neben italienischen und französischen Vorbildern werden dazu auch die engen Beziehungen zu Wien beigetragen haben. Der Kurfürst ehelichte 1685 in der Habsburger Metropole Maria Antonia, die Tochter Kaiser Leopolds I. Im selben Jahr eröffnete das erste Caféhaus in Wien, dem bald weitere folgten.

Konkrete archivalische Nachrichten über Münchner Kaffeeköche und Kaffeestuben gibt es seit Beginn des 18. Jhs., aus einer Zeit, in der hier die letzten Hexenverbrennungen stattfanden. Die älteste bildliche Darstellung eines Caféhauses gehört zu einem Kupferstichwerk mit Münchner Stadtansichten, die der Augsburger Atlasverlegers Johann Stridbeck d. J. um 1700 herausbrachte. Auf einem Blatt, das die Residenzstraße, die ehemalige Schwabinger Gasse, zeigt, wird das Anwesen an der Ecke zur alten Schrammerstraße als „Caffe Hauss" bezeichnet. Es besaß im Erdgeschoss große Fenster, die durch Läden geschlossen werden konnten, und hatte eine in die Mauer eingelassene Tafel über der Tür. Ansonsten unterschied es sich nicht von den anderen Bürgerhäusern der Straße. Von 1699 bis 1730 befand sich dieser Bau im Besitz des Hofzuckerbäckers Claudi Surat, der dem Namen nach wohl französischer Abstammung war. 1704 wird ein französischer Schauspieler namens Brieder als „Kaffeesieder" genannt. Die beiden hatten die Geschäftsidee vielleicht aus ihrer Heimat importiert, da es in Paris bereits seit über 50 Jahren öffentlichen Kaffeeausschank gab. Offensichtlich bekamen sie bald illegale Nachahmer, denn die Obrigkeit sah sich 1708 zum Einschreiten gegen die „neu aufgerichtete[n] Caffeehäuser" veranlasst. Als „ordentlich konzessionierte und berechtigte Caffeesieder" werden in diesem Zusammenhang der Hofzuckerbäcker Claudi Surat, Andre Bellini und Johann Koller genannt. 1706 erscheint in den Quellen außerdem der ehemalige „Branntweinschenk" Dionysius Michael als Kaffeesieder. Den Aufschwung des Gewerbes begünstigte die Okkupation der Stadt durch die kaiserlichen Truppen nach der Flucht des Kurfürsten, über den im Zuge des Spanischen Erbfolgekrieges die Reichsacht verhängt worden war. Die zwischen 1705 und 1714 in München ihren Dienst vollziehenden österreichischen Beamten und Militärs kannten das Getränk aus ihrer Heimat und wollten wohl auch in der Fremde nicht darauf verzichten.

Kaum aus dem Exil zurückgekehrt, widmete sich der Kurfürst dem Gewerbe der Kaffeesieder. Ein Hofratsbefehl vom 23. Dezember 1715 verlangte vom Münchner Stadtrat, die Anzahl der Kaffee- und Teesieder sowie den Ursprung ihrer Konzession an den Hofrat zu melden. 1722 legte die Obrigkeit fest, dass das Privileg des Kaffeesiedens nur noch durch die kurfürst-

Münchens erstes Caféhaus von Hofzuckerbäcker Claudi Surat (2. Haus v. r.; heute Residenzstr. 6). – Kupferstich von Johann Stridbeck d. J., um 1700

liche Regierung erteilt werden dürfe und nicht – wie zuvor ebenfalls üblich – durch den Magistrat. Mit diesem Schritt schränkte der Kurfürst die Eigenständigkeit der Bürger auch in diesem Geschäftszweig drastisch ein. Von den sieben Caféhausbetreibern, die 1726 offiziell in München verzeichnet waren, stammten drei noch aus der Bürgerschaft (Bellini, Rossignol und Bernath), die restlichen vier standen unter „*Hofschutz*". Letztere – der Zuckerbäcker Claudi Surat und Johann Koller, die beide schon 1708 genannt wurden, sowie Tibo und Maria Schönwein – waren nicht der städtischen Obrigkeit unterworfen und mussten keine Abgaben leisten. Bei Schönwein handelte es sich um die Frau eines Türken, der nach dem Türkenkrieg vor Wien mit einer Gruppe Gefangener auf Anweisung des Kurfürsten 1686 zum Arbeitseinsatz nach München verfrachtet worden war. Er hatte sich dann hier niedergelassen, den Namen Josef Ferdinand Schönwein angenommen und sich mit der Münchnerin verehelicht. 1721 erwarb er das Haus Kaufingerstr. 7 und betrieb darin die Kaffeestube „Zum Türken". Seine Frau führte noch um die Mitte des 18. Jhs. das Türkische Café als hofbefreite Einrichtung.

Es wurde damals zunehmend üblich, den Hofbediensteten beim Ausscheiden anstelle einer Pension oder finanziellen Abfindung eine Konzession für Bier- oder Kaffeeausschank auszustellen. Auch zu knapp besoldete Lakaien und lästige Bittsteller konnten mit diesem Gnadenerweis zufriedengestellt werden. In der Folgezeit lebte in München eine wachsende Schar an hofbefreiten Personen aller Gewerbe, die, weil sie nicht dem Zunftzwang unterlagen, bei den Bürgern unbeliebt waren und Anlass zur ständigen Klage gaben. So kam es, dass rangniedrige Angestellte des kurfürstlichen Hofes, die oft klangvolle italienische oder französische Namen führten, ihren Unterhalt und Lebensabend als Münchner Cafetiers und Wirte finanziell aufbesserten. Auskunft über das bescheidene Inventar dieser frühen Kaffeestuben-Betreiber gibt das Testament der Witwe Magdalena Koller aus dem Jahr 1743, in dem 13 Paar tönerne Kaffeeschalen mit 5 Löffeln sowie ein Kaffee- und zwei Teegeschirre aus Zinn aufgelistet sind.

Zum Kreis dieser quasi „zwangsverpflichteten" Cafetiers gehörte u. a. der berühmte kurfürstliche Hofmechanikus Joseph Gallmayr (1716–1790), dessen kunstvolle Spielwerke, Uhren und Automaten die Zeitgenossen in Staunen versetzten. Kurfürst Karl Theodor entzog dem verdienten Techniker im Alter das Gnadengeld, das ihm sein Vorgänger noch zugesprochen hatte, und erteilte ihm stattdessen eine Schankerlaubnis. So gründete der einstige Erfinder am Rindermarkt im Wirtshaus zu den „Drei Rosen" das „Gallmayr'sche Caféhaus", das jedoch nach seinem Tod bald wieder zur Bierwirtschaft wurde.

Kleine Kaffeekunde

Das **deutsche Wort „Kaffee"** [ˈkafe, kaˈfeː] stammt von der arabischen Bezeichnung für Wein قهوة (qahwa) ab. Über das türkische Wort „Kahve" für Kaffee wurde es ins Italienische (caffè), ins Französische „café" und ohne große Lautveränderung auch ins Deutsche übersetzt. Es handelt sich um ein schwarzes, die Psyche beeinflussendes, koffeinhaltiges Heißgetränk, das aus gerösteten (weshalb man auch von Röstkaffee spricht) und gemahlenen Kaffeebohnen hergestellt wird. Röst- und Mahlgrad variieren je nach Zubereitungsart. Kaffee enthält das Vitamin

Niacin, auch als Vitamin B3 bekannt, das für alle Stoffwechselvorgänge im Körper, z. B. die Herstellung von Fettsäuren, wichtig ist und ansonsten in Fleisch, Innereien und Fisch vorkommt. Die Bezeichnung Bohnenkaffee bedeutet nicht, dass der Kaffee noch ungemahlen ist, sondern bezieht sich auf den Ursprungszustand und dient der Unterscheidung von sogenanntem Ersatzkaffee (aus Zichorienwurzeln, Gerstenmalz usw.). Das Wort „Bohnen" leitet sich von dem arabischen Wort بن (bunn) für ungemahlenen, nicht zubereiteten Kaffee ab.

Die **Kaffeebohnen** werden aus Steinfrüchten von Pflanzen aus der Familie der Rubiaceae (Röte- oder Kaffeegewächse) gewonnen, mit über 600 Gattungen eine der artenreichsten Pflanzenfamilien. Die beiden wirtschaftlich wichtigsten Sorten sind Coffea arabica (Arabica-Kaffee) und Coffea robusta (Robusta-Kaffee), die beide eine Höhe von 8 m erreichen können, in den Plantagen aber auf Pflückhöhe beschnitten werden. Die Arabica-Sorte wächst bis zu einer Höhenlage von 2.100 m ü. d. M. und wird deshalb auch als „Hochlandkaffee" vermarktet. Im Vergleich zu der Robusta-Sorte ist sie pflegeintensiver, edler im Geschmack, säurebetont und enthält nur halb so viel Koffein. Die Robusta-Sorte gedeiht bis zu einer Höhe von 900 m ü. d. M. Ihr Anbau ist wirtschaftlich lukrativer, da sie widerstandsfähiger gegen Hitze, Feuchtigkeit und Krankheiten und auch ertragreicher ist. Jedoch ist ihr Geschmack von geringerer Intensivität, weshalb sie meist als Beimischung und für Instantkaffees dient. Erste Erträge liefern drei bis vier Jahre alte Sträucher; ab einem Alter von etwa 20 Jahren tragen sie immer weniger. In sieben bis elf Monaten entwickeln sich aus weißen Blüten rote Früchte, die Kaffeekirschen. Da sie unterschiedlich lang zur Reifung brauchen, zieht sich die Ernte oft bis zu zwölf Wochen hin. Eine Kaffeekirsche enthält in der Regel zwei Samen, die so genannten Kaffeebohnen. Um einen Sack mit 60 kg Rohkaffee zu erhalten, ist die Ernte von rund 100 gut tragenden Arabica-Bäumen erforderlich. Je nach Art der Kaffeepflanze, Sorte der Kaffeebohne und Anbauort gibt es unterschiedliche Qualitätsstufen.

Seit dem 17. Jh. kursieren über die **Entdeckung der anregenden Wirkung der Kaffeebohne** teils amüsante Geschichten. Der römische Philologieprofessor Faustus Naironus Banesius sorgte in seinem Buch „De saluberrima potione Cahue seu Cafe“, das 1671 erschien, für die Verbreitung der bis heute bekanntesten Erzählung, die in mehreren Versionen existiert. Ihr zufolge verdankt der Mensch diese Entdeckung den Ziegen. Der Viehhirte eines Klosters im Jemen soll einst bemerkt haben, dass manche seiner Ziegen, nachdem sie von einem Strauch mit roten Früchten gefressen hatten, bis in die Nacht hinein munter umhersprangen, während die anderen Tiere müde waren. Die Mönche forschten daraufhin nach der Ursache, die sie im Futter der Tiere vermuteten. Sie bereiteten einen Aufguss aus den Kirschen und konnten nach dessen Genuss mit Leichtigkeit auch zu den Nachtzeiten beten und wachen. Kaufleute, die als Gäste des Klosters den Trank kosteten, begannen, mit den Fruchtkernen Handel zu treiben. So breitete sich die Kenntnis über die Wirkung des schwarzen Saftes mit der Zeit im gesamten Orient aus. Wohl aufgrund der anfänglichen Opposition des islamischen Klerus gegen das Getränk entwickelte sich folgende Legende: Als der Prophet Mohammed einmal schwerkrank und völlig geschwächt war, erschien ihm der Erzengel Gabriel. Der Himmelsbote hielt in der Hand eine Schale mit einer dampfenden, dunklen Flüssigkeit – Kaffee. Mohammed trank davon und war auf der Stelle gesund. In einer Variante dieser Legende wird berichtet, dass der Prophet, nachdem er von der himmlischen Medizin getrunken hatte, 40 Tage lang jede Nacht 40 Frauen lieben konnte.

Die **Anfänge der Kaffeekultur** sind in der Region Kaffa im Hochland von Äthiopien zu suchen; sie gilt als Ursprungsgebiet der wildwachsenden Kaffeesträucher, deren Kirschen von der einheimischen Bevölkerung roh verzehrt oder zur Herstellung von Breien und vergorenen Getränken genutzt wurden. Von Äthiopien gelangte der Kaffee im 14. Jh. durch Sklavenhändler nach Arabien und breitete sich in der Folgezeit von dort weiter aus. Um 1511 entstanden in Mekka die ersten Caféhäuser, die nachfolgend für einige Zeit aufgrund eines mit schweren Strafen belegten Kaffeeverbotes wieder geschlossen wurden. Für die ägyptische Hauptstadt Kairo ist das Getränk erstmals 1532 belegt. 1554 wurde schließlich – nach anfänglich heftigem Protest des islamischen Klerus – das erste Caféhaus in der türkischen Hauptstadt Istanbul eröffnet. Gläubigen Muslimen war der Genuss aller berauschenden Getränke laut einem Gesetz aus dem 16. Jh. untersagt. Als nicht-alkoholisches, den Intellekt stimulierendes Mittel wurde der „Wein des Islam" stattdessen nun toleriert. Während der Kaffeegenuss im gesamten Vorderen Orient im 16. Jh. bekannt war, blieb er für die Europäer bis ins 17. Jh. ein Kuriosum der Reiseberichte über die exotischen Länder des Ostens.

Die **ersten Kaffeewirte und -trinker in Europa** verdanken wir den Berichten von Reisenden, die die Nachricht von dem neuartigen Getränk in Europa verbreiteten. So lernte der Augsburger Arzt Leonhard Rauwolf schon 1573 in Syrien den Geschmack des Kaffees kennen und berichtete 1582 in seinen Schriften darüber. Seine Empfehlung für dieses Getränk bezog sich jedoch nur auf dessen Heilwirkung. Er meinte, es sei „gar nahe wie Dinten so schwartz und in Gebresten sonderlich des Magens gar dienstlich". Der italienische Arzt und Botaniker Prosper Alpinus studierte die Medizin der Ägypter und lieferte 1592 eine erste Abbildung und wissenschaftliche Beschreibung der Kaffee-Pflanze. Der Streit der Ärzte über Schädlichkeit oder Nutzen des Kaffees trug sehr zu seinem Bekanntwerden bei. Seine Einführung fand etwa gleichzeitig mit den ebenfalls bislang ungewohnten Genussmitteln Schokolade, Tee und Tabak statt. Der erste Rohkaffee wurde in Westeuropa 1637 über Amsterdam eingeführt, das sich neben London zum Umschlagplatz des neuen Welthandels entwickelte, später in größeren Mengen auch über die Mittelmeerhäfen Venedig und Marseille. Ab etwa 1640 entstanden erste einfache Kaffeeschenken in den europäischen Hafen- und Handelsstädten, vornehmlich für Kaufleute, Matrosen oder Orientalen, die auf ihr gewohntes Getränk nicht verzichten wollten: in Paris 1643, Venedig 1645, Oxford 1650, London 1652, Marseille 1654, Bremen 1673 und Hamburg 1677. Die Wiener hatten bereits 1665 anlässlich der mehrmonatigen Anwesenheit einer osmanischen Gesandtschaft Gelegenheit, das Getränk kennenzulernen. Sultan Mehmed IV. reiste mit umfangreichem Gefolge, darunter zwei Kaffeeköche, an und präsentierte sich in seinem Lager, das jedem offenstand, mit allem erdenklichen orientalischen Luxus. Die erste Caféhauskonzession in der Kaiserstadt wurde 1685 vergeben. In Salzburg bekamen 1700 zwei Italiener, Caribuni und Forno, und ein Franzose namens Jean Fontaine die Schankgenehmigung für „Coffé, Rosolio, Thee, Aquavit und andere wasser-brennerey-sachen". In Deutschland führte der Weg des Kaffees entweder von Wien die Donau aufwärts nach Regensburg – hier tagte seit 1663 die politische Elite am Immerwährenden Reichstag und wurde nach neuestem Standard kulinarisch verwöhnt – und nach Nürnberg (1686) oder von Frankreich her nach Frankfurt (1689) und Würzburg (1697). In Berlin, wo man am Hofe nachweislich schon um 1680 Kaffee trank, wurden öffentliche Cafés seit 1721 üblich. Die Messestadt Leipzig erhielt 1694 eine erste Adresse für den neumodischen Genuss und entwickelte sich in der Folgezeit zu einer Hochburg des Kaffees. Zumeist betrieben Türken, Griechen, Armenier und andere Orientalen, die mit der Zubereitung vertraut waren, ab Mitte des 17. Jhs. die ersten Caféstuben. Engländer, Holländer, Italiener und Franzosen folgten und gründeten außerhalb ihrer Heimatländer Kaffeeschänken. Ihre Gäste waren anfangs v. a. reisende Landsleute, die auf ihr schon gewohntes Getränk während der Zeitungslektüre nicht verzichten wollten, Kaufleute und Ausländer. Auch neugierige oder gesundheitsbewusste Gelehrte, Ärzte und Studenten probierten das exotische Getränk. In den Kaffeestuben wurde es im 17. Jh. noch zu zivilen Preisen angeboten (z. B. in Wien 1685 die Tasse um einen Kreuzer), erst in der Folgezeit erfolgte eine starke Verteuerung zumeist aus steuer- und wirtschaftspolitischen Gründen. Die ausländischen Kaffeewirte stellten den ersten Schritt auf dem Weg zur Internationalisierung des Gastgewerbes dar, das im 19. Jh. durch die Weltausstellungen einen Höhepunkt erreichte und für die bunte Vielfalt der Lokale in unseren Tagen sorgt. Um 1700 gehörte das Kaffeetrinken bereits zum Luxusleben der höfisch-aristokratischen Gesellschaft. In diesen Kreisen war es zuerst Ausdruck einer künstlich übersteigerten Kultiviertheit, die Distanz zur übrigen Bevölkerung schuf, und eine Modeerscheinung wie die Chinamode und die Mohrenjungen, die man im Gefolge mitführte. Den Kaffeehandel übernahmen in der ersten Zeit Spezereihändler und Gewürzkrämer. Erst später wurden die Bohnen auch in den Apotheken, die ebenfalls daran verdienen wollten, verkauft. Im 18. Jh. kam es oft zu Streitigkeiten zwischen Apothekern, Gewürz- und Kolonialwarenhändlern, die alle nach einem Verkaufsmonopol für die gewinnbringenden Kaffeebohnen trachteten. Ab dem letzten Drittel des 17. Jhs. erschienen Publikationen über den richtigen Gebrauch von Tee, Kaffee und Schokolade. In ihnen wurde v. a. die gesundheitsfördernde Wirkung dieser Getränke hervorgehoben.

Wichtigster **Handelsplatz für Kaffee** war lange die jemenitische Hafenstadt Mokka (al-Muchã). Ihr Monopol fiel im 18. Jh., nachdem sich mit dem steigenden Konsum auch der Anbau ausdehnte. Waren die Kaffeepflanzen zunächst nur in Afrika und Arabien verbreitet, so kam man bald auf die Idee, sie in anderen geeigneten Regionen und in den europäischen Kolonien zu kultivieren. Ende des 17. Jhs. gelang es holländischen Seefahrern, Kaffeepflanzen aus Arabien auszuführen und in der neugegründeten holländischen Kolonie auf Java anzupflanzen. Damit war das arabische Kaffeemonopol gebrochen. In der Folgezeit bauten auch die Franzosen, Spanier und Engländer die Pflanze in ihren Kolonien an. Durch die Portugiesen gelangten 1727 die ersten Kaffeepflanzen nach Brasilien. Bereits gegen Ende des 18. Jhs. gehörte der Kaffee zu den am weitesten verbreiteten Kulturpflanzen in den Tropen. Grund dafür war die Ausweitung der europäischen Kolonien, ohne die die heutige weltweite Verbreitung des Kaffees nicht erfolgt wäre. Zugleich war der Kaffeeanbau auch die Ursache großen Leides: Auf den lateinamerikanischen und karibischen Plantagen wurden bis zur Abschaffung der Sklaverei (in Brasilien 1888) Millionen Afrikaner menschenverachtend behandelt und ausgebeutet. Kaffee wird heute in über 50 Ländern angebaut. Sie liegen alle im „Kaffeegürtel" rund um den Äquator zwischen dem 23. Grad nördlicher und dem 25. Grad südlicher Breite. Hier herrscht frostfreies, aber nicht zu heißes Klima. Die wichtigsten Erzeugerländer sind gegenwärtig Brasilien, Vietnam, Kolumbien und Indonesien. In Lateinamerika überwiegen die Arabica-, in Asien v. a. die Robusta-Sorten.

Zur **Gewinnung des Rohkaffees** werden von der Kaffeekirsche die Fruchthaut, das Fruchtfleisch, und die Häutchen um die Bohne entfernt. Das kann durch eine drei bis fünf

Wochen lange Trocknung oder durch Wasser erreicht werden. Der nass aufbereitete Kaffee ist hochwertiger, auch weil sich dafür nur gut sortierte, reife Früchte eignen. Sie werden mit Wasser vorgereinigt, anschließend die Bohnen in einem Entpulper aus der Frucht gelöst und weiter gewässert, um das restliche Fruchtfleisch zu entfernen. Dabei setzt ein Gärungsprozess ein (Fermentation), der zu einer Geschmacksverbesserung beiträgt. Nach dem Trocknen müssen die Bohnen noch geschält werden. Um 1 kg Rohkaffee auf diese Art zu erhalten, braucht man rund 150 Liter Wasser. Vor dem Rösten müssen noch die zerbrochenen und verkümmerten Bohnen aussortiert werden; v. a. die sog. „Stinkerbohnen“, die zu lange im Wasser lagen, dadurch überfermentierten und faulig wurden, sind zu entfernen, da eine einzige von ihnen die ganze Charge in einer Röstung ungenießbar macht.

Eine besondere Art der **Kaffeeaufbereitung** erfährt der teure „Kopi Luwak“, der in deutschen Feinkostläden guten Absatz findet. Er ist das Produkt von Schleichkatzen, die vorwiegend in Asien, Afrika und auf Madagaskar leben: Auf ihrem Speiseplan stehen neben Insekten, Würmern und Nüssen auch die reifen Kaffeekirschen. Sie verdauen die Frucht und scheiden die Bohnen wieder aus. Deren Geschmack wird durch die Fermentation im Darm der Tiere verändert (u. a. sollen ihnen dadurch Bitterstoffe entzogen werden). Nach Reinigung und Trocknung kostet 1 kg des so gewonnenen Rohkaffees mehrere hundert Euro. Aufgrund dieses lukrativen Geschäfts werden heute die Wildtiere in Indonesien, z. B. auf Bali und Sumatra, und auf den Philippinen oft eingefangen und in Käfighaltung zwangsernährt. Früher wurde dieser Exkremente-Kaffee von der einheimischen Bevölkerung in den Wäldern gesammelt und getrunken, da der wertvolle Plantagenkaffee nur für den Export bestimmt war.

Die Art und Weise, wie das Getränk noch heute in Äthiopien zubereitet wird, stand wohl am Anfang aller Kaffeesieder-Methoden: Nach dem Rösten der Bohnen in einer großen Eisenpfanne werden diese grob gemahlen oder im Mörser zerstampft. Das Mahlgut wird mit Wasser und Zucker in der sog. Jabana (einem bauchigen Tonkrug, ähnlich einer Karaffe) aufgekocht und in kleinen Schalen serviert.

„… unstreitig die Ursache für so viele körperliche Erschlappungen“ – Zögerliche Ausbreitung der Caféhauskultur im 18. Jahrhundert

Die Widersacher des Cafégewerbes

Es sollte noch mehrere Jahrzehnte dauern, bis der Kaffeekonsum in München wirklich in der Bürgerschaft verankert war, denn es gab zunächst großen Widerstand gegen das aufkommende Modegetränk. Dem Gewerbe haftete der Makel des Unseriösen an. Die Riege der Kaffeesieder setzte sich im 18. Jh. aus einer bunt gemischten Schar von ausländischen Schauspielern, Händlern, ehemaligen Kammerdienern, Hofköchen und -schreibern zusammen, die sich damit meist nur ein Zubrot verdienten, oft keine Abgaben leisteten und daher von den Städtern angefeindet wurden. Außerdem genossen die Serviererinnen in diesen Etablissements anfangs einen zweifelhaften Ruf. Das erste deutschsprachige „Frauenzimmer-Lexikon“, das 1715 in Leipzig erschien, stellte ihnen ein vernichtendes Urteil aus: „Caffe-Menscher, heissen nach heutiger Art zu reden, diejenigen verdächtigen und liederlichen Weibes-Bilder, so in denen Caffe-Häusern das anwesende Mannsvolck bedienen, und ihm alle willigen Dienste bezeugen.“ Für Damen galt überhaupt der Besuch von Lokalen ohne männliche Begleitung bis ins 19. Jh. als unschicklich. Der Historiker Lorenz von Westenrieder widmete sich in seinem Münchner Stadtportrait von 1782 auch den herrschenden Sitten und schrieb dazu: „Was den Wohlstand betrifft: so besuchen wohlerzogne Frauenspersonen, ohne Begleitung eines Manns, kein Wirthshaus …“ Ganz anders sah die Situation in Frankreich aus. Das Verdienst, das Caféhaus dort schon früh gesellschaftsfähig gemacht zu haben, gebührt dem Sizilianer Francesco Procopio Coltelli, der sein „Café Procope“ um 1689 gegenüber dem Théâtre Français in Paris eröffnete. Dessen verschwenderische Ausstattung mit großen Spiegeln, Kristalllüstern, edlen Tapisserien und Marmortischen erregte in ganz Europa Aufsehen und zog die vornehme Gesellschaft an. Es wurde über Jahrhundert hinweg vorbildlich für alle Caféhäuser von Rang. Die erste namhafte Adresse dieser Art in München entstand erst mit dem „Hofgartencafé" des Italieners Sarti Anfang der 1780er-Jahre und seines Nachfolgers Luigi Tambosi, gefolgt dann von einer Reihe prunkvoller Lokale in der Prinzregentenzeit.

Als Sittenwächter gebärdeten sich auch die gutsituierten Wirte der Münchner Weingasthöfe, die im Äußeren Rat der Stadt zahlreich vertreten waren. Sie versuchten mit einer Beschwerde an Kurfürst Karl Albrecht die wachsende Konkurrenz der Kaffeesieder einzudämmen. Darin heißt es: „Zum luxuriösen Leben wird viel beigetragen durch die Vermehrung der Kaffeehäuser, die Tag und Nacht dem Übermut offen stehen und wo die unnötigen und wollüstigen Getränke wie Kaffee, Tee, Rosoglio (= eine Likörart, hauptsächlich Orangenlikör), Wein etc., jederzeit angeboten werden". Der Kurfürst versprach daraufhin, keine neuen Lokale mehr zuzulassen. In einem Dekret vom 20. April 1727 ist vermerkt, dass der Regent beabsichtige, „die Caffeehäuser ... nach und nach gar abgehen zu lassen". Die meisten Genehmigungen seien sowieso nur befristet oder auf Lebenszeit ausgegeben worden. Bestehende Kaffeeschenken würden zwar geduldet, jedoch ohne Ausstattung mit Stühlen oder Bänken, damit sich die Gäste nicht zu lange dort aufhielten. Diesem Schreiben fügte Vizekanzler Wiguläus Kreittmayr, der unter dem Nachfolger von Kurfürst Karl Albrecht die Grundlagen der bayerischen Rechtsordnung schuf, rund 40 Jahre später einen knappen Kommentar bei: „Dem ohngeacht wird dieses schwerlich jemand erleben, und so lang die Welt nicht ihren Gusto verändert, so wird sie auch nicht ohne Caffeehaus verbleiben."

Bis gegen Ende des 18. Jhs. rückten sittenstrenge Aufklärer und Moralapostel immer wieder gegen den braunen Muntermacher zu Felde. Sie verdammten Kaffee und das „Tabaktrinken", wie das Rauchen anfangs genannt wurde, als Verursacher eines gesundheitsschädlichen, verderblichen Luxuslebens. Zum Beispiel belehrte die Münchner Zeitung ihre Leser 1781 wie folgt:

„Meine liebe Leinewäscherin, du sollst dir statt Kaffee Brot kaufen und Rindsuppe essen und du wirst weniger kränkeln als beim schwarzen Laxierdekokte (= Kaffee) ... Ehemals erhielt manche Dame ihre Kinder eichelfrisch mit Rhabarber- und Holunderbeerensaft und man kannte noch keine Blähungen, Koliken, Hypochondrien und Magenkrämpfe.“ Die Münchner Nachrichten orakelten im selben Jahr, dass man mit den „verwünschten Kaffeeplempern“ und dem täglich anwachsenden „Bohnenröstergewerbe“ noch so weit kommen werde, dass die großen Städte bald mehr Kaffee- als Bierschenken besäßen. Auch Johann Franz Seraph von Kohlbrenner, der Herausgeber des Münchner Intelligenzblattes, schrieb 1783, „... dass der Caffee ein schädliches und schleichendes Gift ist, das haben schon sehr viele Ärzte aus zureichenden Gründen erwiesen ...“, und machte das Getränk ebenfalls verantwortlich für Koliken, Magenkrämpfe und Hypochondrien. Er riet seinen Lesern zu dem angeblich gesunden Zichorienkaffee.

Der Domkapitular, Poesie-Professor und Historiker Lorenz von Westenrieder, Münchner „Kulturpapst“ in den Jahrzehnten um 1800, hatte stets eine große Palette schriftstellerischer Arbeiten auf seinem Schreibtisch zu bewältigen. Seinem Freund Franz Xaver Hueter verriet er 1776 in einem Brief, dass er sein Pensum nur schaffe, indem er die Nächte durchschreibe und sich mit sehr viel Kaffee wach halte. Offensichtlich war ihm dies aber schlecht bekommen, denn 1788 warnte er, „der allgemeine Gebrauch des Kaffees (sei) unstreitig die Ursache für so viele körperliche Erschlappungen, Gebrechen und Schwachheiten, auch für die Hämorrhoiden“. Er riet allen, die noch keine Sehnsucht nach Kaffee hätten, lieber bei den Bier- und anderen Suppen zu bleiben, da diese bekömmlicher seien. In einer Untersuchung, die im selben Jahr erschien, verstieg er sich gar in Überlegungen darüber, ob Kaffee- und Bierwirte neben „Juden, Tändlern, Galanteriekrämern, Pfuschern, Bettlern“ u. a. überhaupt zur eigentlichen Bevölkerung gehören würden. In seinem Buch „Hundert Sonderbarkeiten oder das neue München im Jahr 1850“ von 1824 malte er sich die weitere Entwicklung der Stadt aus. Er wünschte sich dabei einen zahlenmäßigen Rückgang der Lokale und mutmaßte, dass viele Mitbürger in Zukunft den Zeitaufwand für einen Cafébesuch nicht mehr aufbringen wollen: „Es gibt jetzt in München nur noch 12 Kaffee- und in und außer der Stadt nur noch 100 Bierschenken ... Man würde jetzt nicht begreifen, wo man die Zeit hernehmen könnte, um tagtäglich die vollen Nachmittage und bis Mitternacht bey dem Billard und anderen Spielen sich einfinden zu können." Mit dieser Prognose sollte er zum Teil richtig liegen, denn mit dem Erstarken der Wirtschaftskraft und einer neuen ideologisch-positiven Bewertung von nützlicher Arbeit, Produktion und Konkurrenz im 19. Jh. kam das Caféhaus als „Spielhaus", in dem man nur seine Zeit verplemperte, ins Kreuzfeuer zeitgenössischer Kritik.

Westenrieder bekam 1781 Besuch von dem Verlagsbuchhändler Friedrich Nicolai, einer zentralen Gestalt der Berliner Aufklärung, der damals eine ausgedehnte Reise durch Deutschland und die Schweiz unternahm und dabei auch die bayerische Residenzstadt besichtigte. Seine Eindrücke und Erkenntnisse aus dieser Tour veröffentlichte er ab 1783 in zwölf Bänden, zwei davon widmete er Bayern und München. Darin berichtete er mit beißender Ironie über die katholischen Andachtsübungen und das Brauchtum der Bevölkerung, äußerte aber auch sein Unverständnis über die Zunftzwänge, die in München herrschten und die seiner Meinung nach der wirtschaftlichen Entfaltung entgegenstanden. Er war der Ansicht, dass man das nützliche Handwerk gegenüber dem Luxusgewerbe zu wenig fördere, und zitierte in diesem Zusammenhang Westenrieders Tabelle der Münchner Handwerkermeister und Gewerbegerechtigkeiten, in der 18 Kaffeesieder, die ein Caféhaus betreiben, und 6 „Chocolatmacher" genannt sind, dagegen aber nur vier Riemer und 15 Tuchmacher.

Die Münchner „Caféhausdichte" im Jahr 1782 entsprach mit 18 Adressen in etwa der von Berlin, das 1769 offiziell 13 Cafés verzeichnete; in Wien belief sich die Anzahl dagegen auf 68 im Jahr 1787 und Paris besaß 1716 schon 300 Cafés. Mit der zunehmenden Etablierung als seriöses Gewerbe vermehrte sich auch die Anzahl der Ausschankstätten. In der Folgezeit entwickelten sich verschiedene Typen von Cafés: einfache, kleine Lokale und Stände auf und um die Marktplätze, in denen Dienstboten, Händler und einfache Bürger verkehrten, Kaffeezelte und -pavillons in den öffentlichen Parks für das sonntägliche Ausflugsvergnügen und Cafésalons für die höheren Stände des Bürgertums, der Beamtenschaft, des Militärs und des Adels.

Geschäfte mit Kaffeegeschirr – Die Nymphenburger Porzellanmanufaktur

Für den verfeinerten Lebensstil, zu dem der Kaffeegenuss gehörte, brauchte man besondere Gefäße, mit denen ausgeschenkt und aus denen getrunken wurde. Im 17. Jh. gab es in Europa noch kein passendes Material. Die Becher und Pokale aus verschiedenen Metallen waren ungeeignet, da man sich mit ihnen beim Trinken des heißen Inhalts die Lippen verbrennen konnte. Glas barg die Gefahr, zu zerspringen; Holz beeinflusste den Geschmack; Keramik war zu dickwandig, schlecht zu reinigen und wurde bei diesem Gebrauch unansehnlich. Aus dem fernen Osten brachten die Seefahrer von ihren Reisen weißes, blau bemaltes Porzellan mit, das mit dem dunklen Getränk einen schönen Farbklang ergab. Außerdem war Porzellan ein schlechter Wärmeleiter und ließ sich aufgrund der glatten Glasur gut reinigen. Einzelstücke aus chinesischem Porzellan waren zwar bereits aus mittelalterlichen Kirchenschätzen bekannt, doch erst im 17. Jh. – seit der Gründung der Ostindischen Kompanien und der stärkeren Verbreitung von Kaffee, Tee und Schokolade – kam Porzellanware zunehmend auf den europäischen Markt und löste hier eine wahre Leidenschaft aus. Neben der persönlichen Begeisterung für das feine Material bedeutete sein Besitz v. a. die Präsentation von Luxus und Pracht als Zeichen der Macht. In jedes Schloss von Rang gehörte bald ein Porzellanzimmer, dessen verspiegelte Wände die in kunstvoll verzierten Schränken aufgestellten Vasen und Geschirrteile vielfältig reflektierten. So auch in München, wo Kurfürst Karl Albrecht in der Residenz ab 1730 die sog. „Reichen Zimmer" von seinem Architekten François Cuvilliés d. Ä. anlegen und ausstatten ließ. Als Staatsappartement sollte diese prächtige Raumflucht seinen Anspruch auf die Kaiserwürde dokumentieren. Nach französischem Vorbild ordnete Cuvilliés neben dem

Paradeschlafzimmer zwei Kabinette an. Eines davon war als Spiegelkabinett ausgestaltet, wo auf vergoldeten Wandkonsolen Hunderte von Porzellanstücken ausgestellt waren.

Bereits Kurfürst Karl Albrecht ließ Versuche zur Herstellung echten Porzellans in München durchführen, doch erst sein Sohn Kurfürst Max III. Joseph (reg. 1745–1777) setzte die Planungen in die Tat um. Er vertrat einen aufgeklärten Reformkurs und förderte nach seinem Regierungsantritt die Gründung von Manufakturen, um damit die zerrütteten Staatsfinanzen zu sanieren. Sein Interesse an der keramischen Industrie hing auch mit seiner 1747 erfolgten Vermählung mit Maria Anna Sophia (1728–97), der Tochter des Kurfürsten Friedrich August II. von Sachsen, zusammen: Bereits deren Großvater, Kurfürst August der Starke, gab Unsummen für seine Porzellansammlung aus und begründete 1710 die erste europäische Produktionsstätte in Meißen. Im Jahr der Vermählung wurde mit großen Erwartungen eine Manufaktur im Renaissance-Schlösschen Neudeck in der Münchner Au gegründet, wo erneut experimentiert werden konnte. 1754 führten die Anstrengungen zum Erfolg. Der Bildhauer Franz Anton Bustelli wurde als Modellist eingestellt. Mit ihm nahm das Handwerk seinen Aufschwung. Zwei Jahre später gelang es erstmals, das Porzellan farbig zu bemalen. Sigmund Graf von Haimhausen, der seit 1751 Leiter des neuen kurfürstlichen Münz- und Bergkollegiums in München war und in dieser Funktion wesentlichen Anteil am Aufschwung des bayerischen Bergbaus hatte, führte ab 1758 auch die Porzellan-Manufaktur zum Erfolg. 1761 zog das Unternehmen in die von Joseph Effner gestalteten Gebäude am nördlichen Rondell vor Schloss Nymphenburg um. Hier hat die Manufaktur noch heute ihren Sitz. Neben den berühmten grazilen Rokokofiguren, die Bustelli zur Commedia dell'Arte und zu den Themen Frömmigkeit, Chinoiserie, Galanterie, ovidischer Götterhimmel und Volksleben modellierte, fertigte man Kaffee-, Tee- und Speiseservice für den kurfürstlichen Hof, für Abnehmer aus dem Adel und der Bürgerschaft sowie für den Export. Kurfürst Max III. Joseph gab selbst ein sehr umfangreiches, einheitlich mit Blumen bemaltes Service in Auftrag. Sein Nachfolger Karl Theodor bestellte das „Perl-Service", von dem sich noch rund 350 Teile in der Residenz erhalten haben. Kundin der Nymphenburger Manufaktur war damals z. B. auch die Münchner Kaufmannsfamilie Nockher, deren Kaffeeservice ab 1754 in Gebrauch war (Bestände im Bayer. Nationalmuseum). Der Besitz von Porzellan diente der Oberschicht als Ausdruck der Wohlhabenheit, doch spätestens im Biedermeier spielte die Dekoration des Speisetisches auch für die Mittelschicht eine wichtige Rolle. Dabei kam das bürgerliche Repräsentationsbedürfnis zum Ausdruck; besondere Porzellanstücke wurden zudem weniger für den täglichen Gebrauch als vielmehr für die Aufstellung im Glasschrank, in der Kredenz oder der Anrichte angeschafft. Die Kreation von exklusivem Kaffeegeschirr entwickelte sich in der Folgezeit zu einer eigenen Sparte innerhalb des Kunstschaffens.

Großen Absatz brachten für die Manufaktur die sogenannten Türkenbecher. Es handelte sich dabei um Kaffeeschalen, die, in Nymphenburg produziert und von süddeutschen Hausmalern mit Golddekor und bunten Blüten verziert, in großen Mengen bis nach Brüssel, Venedig und – meist über die Wiener Firma Wertheimer – in die Türkei exportiert wurden. Interessanterweise wurden die Teile oft auch mit der in der Türkei geschätzten Schwertermarke der Meißener Manufaktur versehen. 1765 beschäftigte die Firma bereits über 160 Angestellte. Lorenz von Westenrieder äußerte sich in seinem Münchner Stadtporträt 1782 anerkennend über die Leistungen der Fabrik: „Die Erde wird von der Donau, unweit Passau hergeführt, und das Porcelain erreicht, ja übertrift beynahe an Guete und Feine das sächsische." Dagegen hatte der Berliner Schriftsteller Friedrich Nicolai in seinem etwa zur selben Zeit verfassten kritischen Bayernporträt nicht die beste Meinung über diese Erzeugnisse: „Der Scherbel des hiesigen Porzellans ist besser als der des Wiener Porzellans, aber immer noch grau ... Aber die Tassen sind dick und unförmlich, noch vielmehr als die Wiener. Die Malerey, sonderlich in Blumen, ist leidlich ... Das meiste gehet noch nach der Türkey durch die Türken in Wien, welche zu den Tassen und andern Sachen, die sie bestellen, jederzeit besondere Muster einschicken. Etwas weniger geht nach Turin, und sonst nach Italien. Im Lande selbst wird fast nichts abgesetzt ... Gleichwohl ist das Nymphenburger Porzellan sehr wohlfeil, z. B. von der geringsten Art weißer Tassen kostet das Paar nur 12 Kreutzer …“ Nicolai war der Ansicht, dass man mit etwas Handelsgeschick den Absatz bedeutend ankurbeln könnte, die Bayern dazu aber kein Talent hätten.

Die Form der Getränkebehältnisse veränderte sich im Laufe der Zeit. Kaffee und Tee wurden erst aus Schalen getrunken; bis etwa 1730 hatten Kaffee- und Teetassen noch die gleiche henkellose Form. Später erhielt die Kaffeetasse – nun mit Untertasse – oft eine steilere und höhere Wandung, während sich die Teetasse zur breiteren Schale entwickelte. Übrigens galt es im 18. Jh. noch nicht als anstößig, den Kaffee zur Abkühlung in die Untertasse zu gießen, um ihn dann daraus zu trinken. Die Schokoladentasse besaß bis Ende des 18. Jhs. meist zwei Henkel. Die Kaffeekanne war birnenförmig, die Teekanne breit und bauchig, die Schokoladenkanne schlank, oval mit dazugehörigem Schlegel. Nach der Neu-Erfindung des Porzellans in Sachsen war man auch bestrebt, einen einheitlichen Gesamtcharakter des Geschirrs zu finden. So entstanden die umfangreichen Porzellanserien, die der großen Tafel erst den festlichen Glanz verliehen, und die nur wenige Stücke umfassenden Service für kleinere Kreise. Für den persönlichen Gebrauch der Fürsten fertigte man kostbare, zu Schaustücken gestaltete Déjeuners (Frühstücksservice), z. B. zwei in der Schatzkammer der Münchner Residenz befindliche Tafelaufsätze, von denen der eine aus vergoldetem Silber mit Emailmalerei besteht, der andere auf silbernem Aufbau ein Teeservice aus Meißner Porzellan trägt. Für größere Gesellschaften brauchte man die „complette Garnitur“ mit je sechs Paar Kaffee- und Teeschalen sowie sechs Schokoladenbechern.

Das Angebot an Formen und Dekors wurde in der 2. Hälfte des 18. Jhs., als überall in Europa Manufakturen entstanden, immer reichhaltiger. Weil man nach dem Essen aus diätetischen Gründen gern eine Tasse Kaffee trank, hatte man einen besonders großen Bedarf an den henkellosen Tassen, den „Türken-Copgen“. Auf Gemälden aus jener Zeit kann man oft nicht eindeutig erkennen, was die Dargestellten zu sich nehmen, da aus diesen Koppchen sowohl Tee als auch Kaffee getrunken wurde. Dies gilt auch für ein Bild von Kurfürst Max III. Joseph, das

George Desmarées 1755 schuf. Es zeigt den Regenten im Morgenrock mit einer dampfenden Schale Kaffee oder Tee (München, Residenzmuseum). Die Aristokratie entwickelte im Rokoko eine Vorliebe dafür, sich im bewussten Gegensatz zum steifen Hofzeremoniell in informeller Geselligkeit und zurückgezogener, intimer Atmosphäre zu präsentieren. Dabei empfingen der Hausherr, meist allerdings die Dame des Hauses, ihren Besuch im Schlafzimmer und ließen den Gästen von Dienerinnen oder kleinen Mohrenknaben Kaffee (oder Schokolade) servieren. Raffinierte Draperien des mehr oder weniger nackten Oberkörpers gehören zum ikonographischen Programm derartiger Milieudarstellungen, die der voyeuristischen Phantasie breiten Raum ließen.

Fürstliche Kulturpolitik im Zeichen der Aufklärung

Mit dem Tod von Kurfürst Maximilian III. 1777 erlosch die bayerische Hauptlinie der Wittelsbacher. Maximilians Nachfolger Karl Theodor aus Mannheim (reg. 1777–1799), mit dem die Pfalz zu Bayern kam, brachte den gesamten kurpfälzischen Hof mit über 2000 Personen an seinen neuen Regierungssitz mit. Da die Karriereaussichten für Adelige gut waren, ein erhöhter Personalbedarf an Staatsdienern bestand und die wirtschaftlichen Möglichkeiten der Residenzstadt Anreize boten, nahm die Bevölkerung Münchens stetig zu. Die erste amtliche Volkszählung im Jahr 1781 ergab 37.840 Einwohner, einschließlich der Militärs, des 1724 eingegliederten Lehels und der Schlösser Fürstenried, Nymphenburg und Schleißheim.

Karl Theodor setzte die bildungspolitischen Maßnahmen, wie die Reform des bayerischen Schulwesens, die schon sein Vorgänger in Angriff genommen hatte, fort. Dem gesellschaftspolitischen Ziel, dem Volk Wissen zu vermitteln, dienten bereits ab Mitte der 1760er-Jahre periodische Zeitschriften, z. B. die „Baierischen Sammlungen und Auszüge zum Unterricht und Vergnügen“ und „Der Patriot in Baiern“, und in der Folge viele weitere Zeitschriftenprojekte. Sie sollten das Volk zum Lesen anregen und die öffentliche Meinungsbildung fördern. Dieses Angebot nahmen in München anfangs die Mitglieder des gebildeten Adels und der höheren Beamtenschaft in Anspruch, nach und nach aber auch das Bürgertum. Christian Friedrich Daniel Schubart (1739–1791), Herausgeber der „Teutschen Chronik", der München 1773 einen Besuch abgestattet hatte, bescheinigte den Einwohnern eine besondere Wissbegierde und Diskussionsfreudigkeit, die seiner Meinung nach auch in den Caféhäusern der Stadt zum Tragen kam: „Bei dem allen wird man selten in einem Lande eine allgemeinere, heißhungrigere Lehrbegierde antreffen, als in Baiern ... Der gewöhnliche Gesprächsstoff auf Kaffeehäusern, bei Tafeln, und in grossen Gesellschaften, ist litterarischen Innhalts." Unter Karl Theodor steigerten sich die publizistischen Aktivitäten erheblich. Neu auf den Markt kamen u. a. das Monatsmagazin „Zuschauer in Baiern", das nach dem Vorbild des englischen „Spectator" seinen Lesern neben Informationen auch Lebensrichtlinien vermitteln wollte, die „Münchner Zeitung" mit umfangreichem Wohnungs- und Stellenmarkt für Dienstboten und literarischen Beiträgen sowie die „Annalen der Baierischen Literatur", ein zentrales Rezensionsorgan. Nach 1779 erschienen mehrere Periodika, die Lorenz von Westenrieder im Bemühen herausbrachte, damit den Reformprozess voranzutreiben und zur „Erhellung" seiner Landsleute beizutragen, z. B. die Zeitschrift „Baierische Beyträge zur schönen und nützlichen Litteratur" mit einer Vielfalt an Kulturbeiträgen, Theater-, Buch- und Kunstkritiken, Erstveröffentlichungen von Lyrik- und Prosatexten sowie seinem Fortsetzungsroman „Geschichte der schönen Bürgerstochter von München". Daneben leistete er auch erstmals eine kritische Berichterstattung über soziale Fragen und die Probleme gesellschaftlicher Außenseiter wie Bettler, Waisenkinder und unehelich Geborener. Westenrieders Magazin wurde der Subskribentenliste zufolge von Angehörigen aller Stände gelesen.

In München zeichneten sich bereits vor der Französischen Revolution Tendenzen einer Auflösung der feudalen Gesellschaftsordnung ab. Unter Karl Theodor entstand eine Reihe von Stätten der Kulturpflege für das Volk: Die Münchner Hofbibliothek und das Opernhaus am Salvatorplatz wurden für alle Stände geöffnet, die Hofgartengalerie für die Öffentlichkeit eingerichtet und weitere neue Bildungsangebote für alle Bevölkerungsschichten geschaffen. 1795 wurde schließlich auch das Cuvilliéstheater – bis dahin dem Adel vorbehalten – für das bürgerliche Publikum geöffnet. In den Arkaden des Hofgartens ließ der Kurfürst Anschläge anbringen, wonach es ausdrücklich verboten war, zum Grüßen den Hut zu ziehen. Die Bier-, Wein-, und Kaffeeschänken Münchens konnten sich in diesem fortschrittlichen Milieu nun zu Begegnungsstätten für die Hofgesellschaft, gelehrte Zirkel, Lesegemeinschaften und den Normalbürger gleichermaßen entwickeln.

Die erfolgreiche Entwicklung und Durchführung vieler Projekte verdankte der Kurfürst dem vielseitig talentierten amerikanischen Physiker Benjamin Thompson (1753–1814), der 1784 in bayerische Dienste trat. Er modernisierte die bayerische Polizei und Armee, führte fortschrittliche Sozialmaßnahmen ein, indem er Schulen, Armenhäuser, Manufakturen und öffentliche Speisehäuser, in denen die „Rumford-Suppe" serviert wurde, begründete, er machte die Kartoffel in Bayern populär und war verantwortlich für die Anlage des Englischen Gartens, des bis heute wichtigsten Freizeitziels der Münchner. Für den neuen Volksgarten, der ab 1789 auf dem Hirschanger nordöstlich des Schwabinger Tors gebaut wurde, lieferte er die Grundkonzeption, daneben war der Schwetzinger Hofgärtner Friedrich Ludwig von Sckell (1750–1823) beratend tätig. Im Geiste der Aufklärung sollte das Schöne mit dem Nützlichen verbunden werden. Den Landschaftsgarten erweiterten praxisnahe Institute und Vergnügungsstätten, zu denen der 24 m hohe Chinesische Turm (1789/90) gehörte. Alle diese mit enormen Kosten verbundenen Einrichtungen dienten hauptsächlich politischen Zielen. Der Park sollte in den Zeiten politischen Aufruhrs, den die Französische Revolution mit dem Sturm auf die Bastille am 14. Juli 1789 auch in den Nachbarländern ausgelöst hatte, das Volk zufriedenstellen und ablenken. Die Eröffnung erfolgte am 1. April 1792. Der Chinesische Turm, ein fünfgeschossiger offener Aussichts- und Musikpavillon aus Holz, gedeckt mit Schindeln aus Lärchenholz, war ein spätes Denkmal der Exotikschwärmerei des 18. Jhs. Er entwickelte sich bald zum Mittelpunkt des Englischen Gartens.

Mit seinem „Chinesischen Wirtshaus", in dem es auch Kaffee und Kuchen gab und das mit einem Kegelplatz und einem offenen runden Tanzboden verbunden war, wurde er zum Treffpunkt geselligen Münchner Lebens für alle Stände. Bei schönem Wetter spielte am Sonntagmorgen von fünf bis acht Uhr die Militärmusik, zu der sich gern Dienstboten auf ihrem Weg zur Frühmesse hier zusammenfanden und tanzten (1904 durch Polizeiverbot beendet). In der Biedermeierzeit sorgte ein Kinderkarussell für fröhliches „Praterleben" auf diesem Platz. Nach München kam der Englische Garten mit der Eingemeindung Schwabings im Jahr 1890. Der Chinesische Turm wurde 1944 durch Brandbomben zerstört und bis 1953 dank eines Vereins zum Wiederaufbau erneuert.

Die Stadt war jedoch während der Regierungszeit Karl Theodors immer noch hoch verschuldet (rund 320.000 Gulden) und stand nach langer schwerer Finanzkrise am Rand des Bankrotts; 1790 betrugen die Einnahmen rund 130.000 Gulden, die Ausgaben rund 128.000 Gulden. Schon 1788 kam es daher zum Eklat zwischen der Stadt und dem Kurfürsten, der Handwerker und Gewerbetreibende aus der Umgebung Münchens in der Stadt zulassen wollte, um den hohen Arbeitslöhnen und Viktualienpreisen Konkurrenz zu bieten. Die empörte Bürgerschaft drängte den Magistrat zu einer Eingabe an den Regenten mit der dringenden Aufforderung, diese Maßnahme zu überdenken. Durch diese Äußerungen gekränkt, verließ der Kurfürst für ein Jahr mit seinem gesamten Hofstaat München und zog wieder nach Mannheim. Währenddessen kursierten in den Wirtshäusern, Kaffeeschenken und Speiselokalen Schmähschriften über die höchsten Stände und Behörden, gegen die sich der Kurfürst aus der Ferne in einem scharfen Erlass vom 18.12.1788 wandte. Er drohte den Verfassern und Verbreitern solcher Pamphlete, durch die das „gemeine Volk" zu Ungehorsam und Verachtung angereizt werde, harte Strafen an.

Das erste italienische Caféhaus am Hofgarten

Das von Arkaden umschlossene Hofgartenareal, ein Kernbereich Münchens und von Anfang an ein Ort fürstlicher Selbstdarstellung, hatte sich seit der Anlage unter Herzog Wilhelm IV. im ersten Viertel des 16. Jhs. zu einem weitläufigen, repräsentativen Park entwickelt. Nach dem Willen Karl Theodors sollte er sich nun zu einer öffentlichen Bildungsstätte wandeln, die Kultur und Natur harmonisch verband. Schon Max III. Joseph hatte hier Hunderte von Linden und Kastanien neu anpflanzen lassen und so einen ansehnlichen Baumgarten geschaffen.

Den neuen Freizeitcharakter des Hofgartens unterstrich ein Kiosk mit Ausschank, den es ab 1774 neben der Residenz unter den Arkaden gab. Sein Betreiber war der „kurfürstliche Lotteriekollekteur" Giovanni Pietro Sarti aus Venedig, mit Spitznamen auch „Pantalone" – nach einer Figur der italienischen Commedia dell'Arte – oder „Limoni-Mo" genannt. Er erhielt von Obersthofmeister Graf Seinsheim die Genehmigung, in einer „Boutique" im Hofgarten „coffee", „chocolats" (Trinkschokolade), „lemonats" (Limonade) und andere „refraichissements" (Erfrischungen) zu verkaufen. Sarti war Mitglied der italienischen Volksgruppe, die sich unter Kurfürstin Henriette Adelheid von Savoyen besonders zahlreich in München angesiedelt hatte. Zu seiner Kundschaft zählten anfangs v. a. die Offiziere, die im alten Turnierhaus stationiert waren. Die Armeeangehörigen versorgen sich bei ihm mit Getränken, Obst und Zuckerwaren, denn Sarti führte auch aus Italien importierte Spezialitäten, z. B. kandiertes Backwerk, das er zusätzlich im Hof- und Nationaltheater verkaufen durfte.

Der findige Venezianer hatte zwei Konzessionen: Er war „Kaffeeschenk" und zugleich „Traiteur", was bedeutete, dass in seinem Lokal Kaffee getrunken und auch warme Speisen gegessen werden durften. Offiziell bestand damals noch eine strikte Trennung zwischen Speiselokal und Kaffeeschenke, die erst 1804 per Dekret aufgehoben wurde. Zugleich war er „hofbefreit" und musste keine Gewerbeabgaben leisten. 1780 erhielt Sarti die kurfürstliche Genehmigung, für sein Geschäft am Hofgartentor ein kleines „Trattoirhaus" zu erbauen. Bereits im folgenden Jahr fertiggestellt, war es das erste italienische Caféhaus in München. Es sollte sich zu einer Institution entwickeln, die neue Maßstäbe setzte. Dieses Lokal stand durch seine enge Verbindung mit der Residenz und dem Hofleben und aufgrund seiner Ausstattung und Spezialitäten von Anfang an im Zentrum des gesellschaftlichen Lebens und an der Spitze der Gastronomie in der Stadt. In „Gottfrieds Edlen von Rotenstein Reise nach Bayern im Jahre 1781", 1785 veröffentlicht, findet sich eine ausführliche Beschreibung des Kurfürstenzimmers in diesem Haus. Der kluge Cafetier hatte es farblich und inhaltlich ganz auf die bayerischen Regenten abgestimmt. Es war mit einem weiß-blauen Marmorfußboden, himmelblauen Wandtapeten mit weißen Blumen, eingefasst von silbernen Leisten, ausgestattet. Die Möblierung bestand aus fünf weiß-roten Marmortischen und je zehn Sofas und Sesseln, bezogen mit hellblauem, weiß geblümten Seidenstoff, deren Gestelle mit Schnitzwerk kunstvoll verziert und in Blau und Silber lackiert waren. Auf dem Kronleuchter prangten eine Figur der Jagdgöttin Diana und ein Hirsch. Der Bilderschmuck umfasste Porträts der kurfürstlichen Familie und Gemälde, die herausragende Ereignisse des Hoflebens darstellten und laufend ergänzt wurden. Zu sehen waren z. B. eine Fronleichnamsprozession mit dem Kurfürsten beim Passieren des Caféhauses, die Einzüge von Kurfürst Karl Theodor mit seiner Gemahlin Elisabeth Augusta 1778 und mit seiner zweiten Gemahlin Maria Leopoldine 1795 in München sowie der Einzug von Kurfürst Max IV. Joseph 1799 durch das Karlstor.

Da der Hofgarten nun auch für die Öffentlichkeit zugänglich war, konnte sich Sarti über fehlende Kundschaft nicht beklagen. Wenig später wurde nämlich auch die 1783 über dem nördlichen Arkadengang fertiggestellte Hofgartengalerie, die von Anfang an als Kulturstätte für das Volk angelegt worden war, eröffnet. Ihre Gemäldesammlung – die Vorgängerin der Alten Pinakothek – mit über 700 Bildern aus der Münchner Residenz und den Schlössern Schleißheim und Nymphenburg – sollte didaktischen Zwecken dienen, nämlich – laut Erlass des Kurfürsten – der „nützliche(n) Unterhaltung der Kunstfreunde" und der „Ausbildung der Kunstschüler", ab 1788 mit Sonderausstellungen auch der Förderung junger Talente. Diese Einrichtung wurde zusammen mit den Attraktionen des Parks und den hier aufspielenden Militärkapellen ein beliebtes Ziel für die sonntäglichen Ausflüge der Münchner Bevölkerung. Man hatte dabei Gelegenheit, sich in städtischer Eleganz zu präsentieren. Ab 1790 genehmigte der Kurfürst außerdem öffentliche Tanzveranstaltungen im einstigen „Sommerhaus" im Park. Auch die benachbarte heutige Staatsbibliothek wurde 1789 zur allgemeinen Benutzung freigegeben.

„(A)lle Klassen von Menschen dürfen hereintreten und so ganz ungehindert freye Luft atmen. An heiteren Tagen versammelt sich hier die ganze schöne Münchner Welt ... alle Stände fliessen zusamm, und vertragen sich so freundlich ... als wenn sie schon im Elisäum wären; es lispelt und schwürt, lächelt und jammert, seufzet und trillert", beschrieb Joseph Sebastian von Rittershausen 1787 in seinem Buch „Merkwürdigkeiten der Residenzstadt München" die Atmosphäre im Hofgarten. Der ungezwungene Umgang nicht nur zwischen den Ständen, sondern auch zwischen den Geschlechtern erregte jedoch auch Kritik bei den Tugendwächtern. So beurteilte Lorenz Hübner in seiner „Beschreibung der kurbaierischen Haupt- und Residenzstadt München" von 1803 das Treiben im Hofgarten als „offene(n) Markt der Reitze, hier wird geschmachtet, geseufzt, getändelt und geliebäugelt, ... auf höchsten Befehl wechseln hier im Sommer die Orchester des Militärs in schönen Abendmusiken. Zuckerwerk und andere Näschereien werden feilgeboten, das außen angebaute Caféhaus reicht Erfrischungen aller Art."

Der Erfolg, der dem Lokal beschieden war, lässt sich an der Tatsache ablesen, dass der Italiener bereits 1784, drei Jahre nach der Eröffnung, sein Caféhaus um ein Stockwerk erhöhen und um drei Kreuzstöcke erweitern durfte. Offensichtlich führte er auch Gästezimmer, denn aus einem Brief des Malers Franz Kobell vom 8. Juli 1788 an Karl Ludwig von Knebel geht hervor, dass der Maler und Indienfahrer Christoph Adam Carl von Imhoff (1734–1788) die letzten Monate bis zu seinem Tode bei Sarti im Hofgarten Quartier nahm. Kobell beschrieb Münchens ersten namhaften Cafetier in seinen Aufzeichnungen als „alten Italiänischen lustigen Kaffeesieder". Um seinen Gästen einen

Domenico Quaglio: Vor dem Schwabinger Tor (mit dem alten „Hofgartencafé" ganz rechts). – Gemälde, 1821

möglichst bequemen Zugang zu ermöglichen, ließ Sarti 1786 noch auf eigene Kosten einen gepflasterten Weg vom Hofgarten bis zum Eingang in sein Caféhaus anlegen.

Der Vedutenmaler Domenico Quaglio (1787–1837) dokumentierte vor der tiefgreifenden Umgestaltung Münchens unter König Ludwig I. im Auftrag des Regenten auf einer Reihe von Ölbildern viele Gebäude, Plätze und Straßen der Stadt. Sein Gemälde aus dem Jahr 1821 zeigt den Platz vor dem 1817 abgebrochenen Schwabinger Tor. Auf der linken Seite sieht man eine Ecke der Theatinerkirche und dahinter das Chedeville-Schloss, rechts das an die Mauer gebaute „Hofgartencafé" neben der Reitschule, dem alten 1660 erbauten Turnierhaus, in dem Karl Theodor anlässlich seiner Rückkehr aus Mannheim 1789 ein großes Festbankett mit reicher Bewirtung für die Bürger veranstaltete. Das zweistöckige Caféhaus war in beiden Etagen und im Dachgeschoss mit vielen Fenstern ausgestattet. Sein Eingang lag im Hofgarten.

Nach Sartis Tod 1796 übernahm, da er unverheiratet geblieben war, seine Haushälterin Aloysia Lampert das gutgehende Lokal und führte es bis 1808 in Eigenregie fort. Anschließend verkaufte sie es für 13.000 Gulden mitsamt der Kaffeeschenk- und Traiteur-Betriebsgenehmigung an Johann Nepomuk Schuster aus Friedberg und an seine Verlobte Nannette Keil, eine Kammerdienerin der Kurfürstin-Witwe Maria Leopoldine. Diese hatte den beiden das Geld für den Erwerb geliehen. Als Schuster die Zinsen für den Kredit nicht mehr bezahlen konnte, ging das Gebäude in den Besitz der Kurfürstin-Witwe über. Sie forderte von den Betreibern, das Lokal so zu führen, dass sein Wert „nicht durch liederliche Administration verliere".

Cafés – Orte der bürgerlichen Emanzipation

Die koffeinhaltigen Getränke trugen durchaus positiv zur Entwicklung des Bürgertums bei. Durch ihre Eigenschaften – die belebende Wirkung auf das zentrale Nervensystem unterstützt die Verstandestätigkeit, beschleunigt die Wahrnehmungsvorgänge und regt die geistige Tätigkeit an – förderten sie einen neuen Rationalismus, der für die Wirtschaft, die Wissenschaft und das Privatleben entscheidende Impulse auf dem Weg zur modernen Gesellschaft gab. Das Caféhaus erfüllte dabei wichtige soziale Funktionen. Während noch im 17. Jh. der Nachrichtenaustausch in den Schänken, auf dem Markt, beim sonntäglichen Gottesdienst oder an der Poststation vor sich ging, lief das Café in der Folgezeit als allgemein zugängliches Kommunikationszentrum allen den Rang ab, bevor es eine Tagespresse im heutigen Sinne gab. Es förderte die Entwicklung einer Gesprächskultur und bewährte sich als Keimzelle der bürgerlichen öffentlichen Meinungsbildung. Hier trafen sich Gelehrte, Literaten und Philosophen, tauschten ihr Wissen aus, diskutierten und redeten über die gelesenen Inhalte der aufliegenden Zeitungen. „Der Kaffee verursachte eine richtig gehende Revolution der Sitten und belebte mit seinem mächtigen Einfluss die geistreichste Gesellschaft, die vielleicht jemals existiert hat", äußerte Benjamin Franklin (1706–1790) einmal. In den Cafés begegneten sich Menschen unterschiedlicher sozialer Herkunft in einer neuen Atmosphäre der Öffentlichkeit. Sie trugen damit auch zur Überwindung der Klassentrennung und des Standesunterschieds bei. Für die Konversation, die man dabei führte, wären alkoholische Getränke unpassend gewesen. Tee, Kaffee oder Schokolade vermittelten in Verbindung mit einer gesteigerten Wachheit einen Zustand des Wohlbefindens, beförderten eine von Geist und Bildung getragene Geselligkeit, an der Männer und später auch Frauen gleichberechtigt teilnahmen. Dem Café kam in dieser Hinsicht eine bedeutende Rolle für die Emanzipation der Frau zu. Ihr Wirkungskreis beschränkte sich bis dahin fast ausschließlich auf die häuslichen Pflichten: die Leitung des Hausstands, die Beaufsichtigung des Gesindes und die Erziehung der Kinder. Die Treffen mit Bekannten im privaten Kaffeekränzchen und im öffentlichen Caféhaus boten Gelegenheit zur Entfaltung der Persönlichkeit und ermöglichten die Teilhabe an den geistigen und künstlerischen Strömungen der Zeit. „Die Befreiung der Frau aus ihrem Winkel ist die größte Leistung der Aufklärung, der Toleranz und des Kaffees", bemerkte der Schweizer Naturforscher und Wirtschaftswissenschaftler Christoph Bernoulli (1782–1863) treffend.

Die Caféhäuser Deutschlands waren jedoch nicht in dem Ausmaß Plattformen aufrührerischer Diskussionen, wie dies in England und im vorrevolutionären Frankreich der Fall war. Im deutschen Reich gab es nach dem 30-jährigen Krieg kaum gemeinsame politische oder kulturelle Ziele, keine verbindende Zusammengehörigkeit, aus der sich ein reger geistiger Austausch und ein gemeinsames politisches Ziel ergeben hätten. Deshalb standen in den Cafés hierzulande meist nur auf die Region bezogene Themen und lokale Interessen im Mittelpunkt. Für den Münchner Normalbürger bedeutete der Cafébesuch noch bis ins 19. Jh. eine Besonderheit. Erst dann steigerte sich der private Konsum. Einschlägige Berufsgruppen hatten dazu auch schon früher Zugang, wie der Nachlass des kurfürstlichen Mund- und Pastetenkochs Mathias Thaller zeigt, der 1755 verstarb. Darin befanden sich beispielsweise u. a. „thee: und chaffee schalln", ein weiteres zinnernes Teegeschirr und eine „alte caffee mihl". In den großen Städten wurde es im 19. Jh.

für eine Reihe von Menschen Brauch, als Adresse nicht nur die Wohnung, sondern auch das Stamm-Café anzugeben, wo man mit Sicherheit anzutreffen war. Der regelmäßige Gang dorthin gehörte zum Tagesablauf, besonders für Zeitgenossen, die aus der Einsamkeit geistiger Arbeit die Begegnung und Diskussion mit anderen suchten. So wurden die Cafés zu quasi familiären Aufenthaltsorten und wichtigen Treffpunkten von Dichtern, Künstlern und Politikern.

Unterhaltung, Gesellschaftsspiele und Lektüre

Alle Formen der Unterhaltung dienten als Anreiz, die Dauer des Besuchs zu verlängern und den Konsum zu erhöhen. Die Kaffeeschänken knüpften in dieser Hinsicht an die Tradition frühneuzeitlicher Gesellschaftshäuser an, die über Wandelgänge, Grotten und Spielkabinette verfügten. In der Anfangszeit wurden fahrende Spielleute und Schausteller, die auch im herkömmlichen Gastgewerbe als Attraktion zu sehen waren, für das Caféhaus übernommen, wobei die Auswahlkriterien deutlich strenger waren und man immer mehr auf Qualität achtete. Es folgten die „Salon-Auftritte" von Sängern, Zauberkünstlern, Kunstakrobaten oder ähnlichen Spezialisten, für die oft eigene Bühnen und Räume geschaffen wurden, die dann ab Anfang des 20. Jhs. durch Kleinkunstbühnen, Varietés, Kabaretts und spezielle Salon-Orchester mit noch größerem Platzanspruch ersetzt wurden.

Das Billardspiel war ab Mitte des 16. Jhs. an zahlreichen Adelshöfen Europas üblich und kam bereits zu Beginn des 18. Jhs. auch in den Cafés auf. Anfangs durfte man es allerdings nur zu ebener Erde und bei offenen Fensterläden betreiben, damit es jederzeit vom Auge des Gesetzes kontrolliert werden konnte. Wie beim Kartenspiel wurde auch hier um Geld gespielt. Durchschnittlich kostete eine Billardpartie so viel wie eine Tasse Kaffee, was ein gutes Zusatzgeschäft für den Wirt bedeutete. Ursprünglich spielte man die (spanische) „Pyramide" mit einer roten und 16 weißen Kugeln, die nacheinander und mit gebogenen Queues in mehrere Löcher gestoßen werden mussten. Erst mit dem französischen Einfluss unter Napoleon Bonaparte kam das heute noch praktizierte „Carambolage“ mit drei Kugeln in Mode, bei dem man mit seinem Spielball die beiden anderen Kugeln berühren muss. Das gegenwärtig weit verbreitete „Poolbillard“, bei dem die Kugeln versenkt werden, wurde erst ab Mitte des 20. Jhs. populär. Zu den Freizeitbeschäftigungen seiner Zeitgenossen äußerte sich Lorenz von Westenrieder 1782 folgendermaßen: „Die Leibsübungen bestehen bey dem Adel, und dem angränzenden Stand im Reiten auf der Schule, im Fechten, und Tanzen auf den Zimmern, und Baalspielen auf den Baalhäusern. Hieher gehören auch einige Spiele, als das Billard, welches dem Körper zu leichten, und vielfältigen Bewegungen, und dem Auge zur Erlangung der Sicherheit verhilft.“

Schach, das als „königliches Spiel“ jahrhundertelang Bestandteil der Pflichtübungen des Ritterstandes und ein bevorzugter Zeitvertreib der Aristokratie war, wurde nun zum bürgerlichen Sport. Dessen kämpferische Qualität und ästhetischer Reiz waren auch für Zuschauer interessant, daher bot sich das Café als öffentlicher Auftrittsort an. Meist gab es dafür einen Nebenraum, in dem die Tische ein Schachbrettmuster hatten oder mit grünem Filz bezogen waren. Legendäre Schachpartien fochten um 1900 stadtbekannte Persönlichkeiten im „Café Stefanie“ aus. Sie konnten durch große Straßenfenster auch von den Fußgängern draußen beobachtet werden. Die beliebtesten Kartenspiele waren Tarock, Whist, Bridge, Preference und Rommé. Für verbotene Glücks- und Würfelspiele, an deren Umsätzen der Wirt meist prozentual beteiligt war, gab es nicht selten ein Hinterzimmer.

Zeitungen lagen seit Anfang des 18. Jhs., als die ersten Gazetten in München aufkamen, in jedem Caféhaus auf. Für sie gab es einen eigenen Ständer oder Tisch, wo sie gestapelt wurden. 1785 wurde in München das erste reine Zeitungscafé eröffnet. Man war damals der Auffassung, dass der Cafetier nicht nur für das leibliche, sondern auch für das geistige Wohl seiner Gäste zu sorgen hatte. Der Besuch des Cafés und die Zeitungslektüre gehörten schon lange Zeit eng zusammen. 1775 beschwerte sich beispielsweise der Hofmarksrichter von Hohenburg über einen Flößer und Kalkbrenner von Lenggries, der mit dem Floß nach München fuhr und dort oft zum Zeitungslesen einkehrte. Im 19. Jh. lagen in den großen Münchner Cafés Hunderte in- und ausländische Blätter gratis auf. Ende der 1880er-Jahre erschienen in Deutschland bereits rund 6.500 Tageszeitungen.

Mit dem Aufkommen der Lesezirkel und -bibliotheken im 19. Jh. sahen sich die Cafébetreiber, die gleichzeitig Informations- und Unterhaltungsmöglichkeiten boten, allmählich einer Vielzahl konkurrierender Unternehmen, z. B. den Lesegesellschaften und Bildungsvereinen, gegenüber. Sie versuchten ihnen mit der Einrichtung separater Lesezimmer zu begegnen, obwohl diese Räume wenig zum Umsatz beitrugen. Beispielsweise wurde in dem damals hochmodernen, nach Plänen von Rudolf Gottgetreu errichteten Hotel „Vier Jahreszeiten" an der Maximilianstraße, das 1858 eröffnete, ein „Café für Herren und Damen" mit Lesekabinett eingerichtet, das sehr regen Besuch verzeichnete. Die Funktion des Cafés als Vereinslokal war Ende des 18. Jhs. noch die Ausnahme, Mitte des 19. Jhs. dagegen bereits die Regel. Arbeiter-, Sport-, Sammler-, Spar-, Gesang-, Schach- oder Kegelvereine versammelten sich in ihren auserwählten Lokalen um Stammtische sowie in Nebenzimmern, die die Cafetiers zur Verfügung stellten.

Umschwung im Kaffeehandel: Das Aufkommen der Surrogate

Anders als die Kolonialmächte Holland, Frankreich und England, die bis Ende des 17. Jhs. den Kaffee direkt aus Arabien bezogen und dann in Eigenregie in ihren Territorien in Übersee anbauten (siehe S. 25) – die Holländer in Ostindien (v. a. Java), die Franzosen auf den Antillen; die Engländer stiegen auf Tee um –, musste Deutschland seinen gesamten Kaffeebedarf durch Einfuhr über Dritte decken. Enorme Geldmengen gingen v. a. nach Holland und Frankreich, die hauptsächlich nach Deutschland exportierten.

Den Kaffee, den man bis etwa 1760 in ganz Deutschland trank, war echter, importierter Bohnenkaffee. In der 2. Hälfte des 18. Jhs. geriet er deshalb zusammen mit anderen Importartikeln ins Visier der merkantilischen Wirtschaftspolitik. Mit staatlichen Maßnahmen, z. B. höheren Steuern, staatlichem Verkaufs- und Röstmonopol und direktem Konsumverbot, wollte man den Verbrauch einschränken. So verbot Friedrich der Große 1766 die private Einfuhr und den privaten Handel mit Kaffee. Lediglich der preußische Staat durfte noch mit Kaffee handeln. Dadurch sollten der Abfluss des Kapitals ins Ausland unterbunden und die Staatskasse gefüllt werden. Dieses Verbot zog aber v. a. einen umfassenden Schmuggel mit Kaffeebohnen nach sich. 1781 wurde in Preußen auch das Rösten des Kaffees für Privatleute unter Strafe gestellt. Zur Überwachung des Verbots stellte man so genannte „Kaffeeriecher" ein, die in den preußischen Kommunen die illegale Kaffeerösterei durch ihren Geruchssinn „erschnüffeln" sollten. 1787 wurde das staatliche Kaffeemonopol in Preußen wieder abgeschafft, weil sich die Kontrollen als ineffektiv erwiesen und der Schaden durch Schmuggel anstieg.

Gleichzeitig versuchte man beim Volk den Konsum der Genussmittel mit patriotischen Argumenten zu beeinflussen: Der Kaffee wurde zum undeutschen Produkt erklärt, nicht nur, weil er durch den Geldabfluss das Vaterland schwächte, sondern auch, weil er das eigentliche deutsche Getränk, das Bier, verdrängte. Johann Franz Seraph von Kohlbrenner, der Herausgeber des „Münchner Intelligenzblattes", riet seinen Lesern 1783, statt des teuren Kaffees lieber dem „in unserem Vaterlande wachsenden Caffee, der gedörrten Cichorien- oder Scorzenerwurzeln" den Vorzug zu geben. In dieser Aussage zeichnet sich bereits das wachsende Bewusstsein für landeseigene Produkte ab. Bei der in den 1760er-Jahren erfolgten Erfindung des Zichorienkaffees handelte es sich eigentlich um die Wiederentdeckung uralter Röstverfahren von getrockneten Pflanzenteilen. Die Wurzeln der Zichorie (Gemeine Wegwarte) wurden geröstet, gemahlen und als Heißgetränk zubereitet. Da es in Geschmack und Farbe dem Genuss von echten Bohnen ähnlich, aber viel billiger war, kam auf diese Weise der „Kaffeegenuss" auch für das Kleinbürgertum in Betracht. Als weitere Surrogate dienten v. a. Malz, Roggen, Feigen; in Notzeiten griff man auch auf Bucheckern, Eicheln oder Löwenzahnwurzeln zurück. Die

Zichorie stieg damals zu einer der wichtigsten, quer durch Europa gehandelten Kulturpflanzen auf. Die ersten deutschen Fabriken zur Herstellung von Ersatzkaffee entstanden ab 1770. Während der napoleonischen Kontinentalsperre von 1806 bis 1812 waren die Bezugsmöglichkeiten für echte Kaffeebohnen stark eingeschränkt, wodurch der Verbrauch der Kaffeesurrogate immens stieg. Um die Mitte des 19. Jhs. war die Kaffee-Ersatzproduktion einer der ertragreichsten Zweige des europäischen Nahrungsmittelgewerbes, und um 1900 gab es in Deutschland bereits über 400 eingetragene Warenbezeichnungen für Kaffeesurrogate.

Das Getränk ließ sich noch mit Bohnenkaffee oder durch die Beigabe von Trockenfrüchten, Gewürzen und karamelisiertem Zucker verfeinern – eine Mischung, die als „Kaffeegewürz“ auf den Markt kam und ebenfalls großen Absatz fand. Im 19. Jh. wurde Ersatzkaffee dann neben Wasser zum wichtigsten nichtalkoholischen Getränk der Deutschen und blieb es bis in die 1950er-Jahre. Sein Verbrauch lag um ein Vielfaches über dem des echten Kaffees. Gemeinsam mit Brot und Kartoffeln bildete er die Ernährungsgrundlage der Arbeiter und Bauern. Der Vorteil der Kaffeesurrogate war neben dem geringen Preis, der auch den Ärmsten den Kaffeekonsum ermöglichte, die nach wie vor umstrittene Wirkung des Kaffees; die Angst vor Krankheit und falscher Ernährung förderte ihren Umsatz. Pfarrer Sebastian Kneipp, der Erfinder der „Kneipp-Wasser-Kuren“ in Bad Wörishofen, legte sich 1889 mit den Bohnenkaffee-Herstellern an und verurteilte deren Erzeugnisse als giftig. Im selben Jahr entwickelte das Unternehmen Kathreiner mit Sitz am Münchner Ostbahnhof – damals einer der größten Lebensmittelhersteller in Deutschland und ein wichtiger Kaffeeimporteur – erfolgreich ein neues Verfahren zur Herstellung von Malzkaffee. Er kam als „Kathreiners Kneipp-Malz-Kaffee“ auf den Markt und warb mit dem Namen und Porträt des Naturheilkundlers. Zusammen mit dem späteren „Caro Landkaffee“ wurde er zum bekanntesten Produkt der Firma, die 1906 sogar zum „Hoflieferant Seiner Heiligkeit des Papstes Pius X. und der Heiligen Apostolischen Päpste“ ernannt wurde.

Die Kathreiner-Malzkaffee-Packung mit dem Bild des „Wasserdoktors" Sebastian Kneipp gehört zu den ersten deutschen Markenartikeln und ist neben dem „Caro Landkaffee" das bekannteste Produkt der Firma Kathreiner.

Im Unterschied zu Amerika oder Skandinavien, wo der Kaffeekonsum gezielt als Alternative zu alkoholischen Getränken gefördert wurde, behielt echter Bohnenkaffee in Deutschland aufgrund der hohen Preise bis nach dem 2. Weltkrieg einen exklusiven Charakter. Der einfache Bürger trank stattdessen im Alltag Ersatzkaffee – im Volksmund auch „Muckefuck" genannt, ein Begriff, der sich wohl von der französischen Bezeichnung „Mocca faux" („falscher Kaffee") ableitet, die während des Deutsch-Französischen Krieges 1870/71 oder schon anlässlich der französischen Besetzung des Rheinlandes unter Napoleon (1794–1813) eingedeutscht wurde. Der echte Kaffee war oft der Familientafel am Sonntag vorbehalten. Aber auch bei dieser Gelegenheit wurde am Material gespart. Seit der Biedermeierzeit bezeichnete man einen Kaffee, der so dünn war, dass man das Streublümchen-Muster auf dem Tassenboden der damals beliebten Meißener Porzellanserien sehen konnte, als „Blümchenkaffee". War er besonders schwach, nannte man ihn „Schwerter- bzw. Doppelschwerterkaffee". Dies bedeutete, dass man angeblich das Firmenzeichen der Manufaktur – die gekreuzten Schwerter – auf der Unterseite der Tasse oder sogar auch noch auf der Untertasse erkennen konnte.

„… so lang die Welt nicht ihren Gusto verändert, so wird sie auch nicht ohne Caffeehaus verbleiben." – Kaffee wird zum Volksgetränk

Der Aufschwung der Gastronomie

Bis Ende des 18. Jhs. bildete der unter Kurfürst Maximilian I. aufgerichtete, 1640 fertiggestellte Verteidigungsring der Stadt, in den auch der Hofgarten und die Zeughäuser einbezogen waren, die Grenze des städtischen Wachstums. In seinen letzten Regierungsjahren leitete Karl Theodor nun noch wesentliche Schritte zur Expansion Münchens ein, die neue wirtschaftliche Möglichkeiten mit sich brachten. Per Mandat legte er 1795 fest, dass München keine Festung mehr ist. Bereits vier Jahre zuvor begann die Schleifung der Bastionen mit der Niederlegung des Neuhauser Tores am westlichen Altstadtrand und der anschließenden Bebauung des davor liegenden Areals, des späteren Karlsplatzes. Im Zuge der staatlich gesteuerten Stadtentwicklung erfolgte der Abriss der Mauern und zahlreicher Turmanlagen, das Zuschütten der Gräben, die Einebnung der Wälle und das Anlegen von großzügigen Plätzen und Grünanlagen. Es entstanden neue Bau- und Wirtschaftsgebiete mit vielfältigen Nutzungsmöglichkeiten und dem Bedarf an weiteren Gast- und Caféhäusern.

Auch die nachfolgenden Regenten trieben die Erweiterung ihrer nunmehr Königlichen Haupt- und Residenzstadt München kräftig voran. Es entstanden u. a. vier breite Alleen – Brienner, Ludwigs-, Maximilians- und Prinzregentenstraße – mit zahlreichen Staats- und Repräsentationsbauten, und nach und nach wurden die umliegenden Vororte eingemeindet. König Ludwig I. (reg. 1825–1848) verfolgte die Absicht, München zu einem Zentrum der Kunst und Kultur auszubauen, zum „Isar-Athen" und einer „Stätte edlen Lebensgenusses". Durch die unter seiner Regierung erfolgte Bautätigkeit und Kulturförderung erhielten Wissenschaft und Künste entscheidende Impulse. Nachdem schon unter seinem Vater 1808 die Gründung der Akademie der Schönen Künste und zehn Jahre später die Eröffnung des neuen Königlichen Hof- und Nationaltheaters erfolgt waren, wurde 1826 die Hochschule von Landshut nach München verlegt und in „Ludwig-Maximilians-Universität" umbenannt. Am Königsplatz konnten vier Jahre später die Glyptothek mit ihrer Sammlung antiker Skulpturen und nachfolgend das neugegründete Benediktinerkloster St. Bonifaz sowie das Museum antiker Kleinkunst eröffnet werden. Die bayerische Hauptstadt sollte sich auch zu einem Anziehungspunkt für Reisende aus aller Welt entwickeln. Ludwig I. unterstützte daher alle Bestrebungen zur Erneuerung und Modernisierung von Einrichtungen, die dem Fremdenverkehr dienten und die Infrastruktur verbesserten. Dazu gehörte auch der Bau von Hotels, Vergnügungsstätten, Restaurants und Cafés. In der kurfürstlichen Hauschronik konnte man 1840 beispielsweise lesen: „Einem Wunsche Seiner Majestät König Ludwigs I. von Bayern stattgebend, ließ im Jahr 1840 Reichsrat Josef Ritter von Maffei durch den Architekten Friedrich von Gärtner das erste vornehme Hotel in München, den Bayerischen Hof, bauen."

Ab 1839 begann die Eisenbahn ihr Netz rund um München zu ziehen: 1839 wurde die Strecke München–Lochhausen, 1840 München–Augsburg eröffnet, acht Jahre später war der Hauptbahnhof fertiggestellt, im Jahr 1854 folgte die Einweihung der Strecke München–Starnberg, 1858 gelangen die Vollendung der ersten Eisenbahnbrücke über die Isar sowie die Freigabe der Strecke München–Landshut, 1860 war bereits die Trasse München–Salzburg–Wien in Betrieb. Die Eisenbahn machte München zu einem Hauptumschlagsplatz für viele Waren im süddeutschen Raum und sorgte für einen anwachsenden Tourismus, der sich sehr positiv auf die Gastronomie auswirkte.

Die städtebaulichen Erweiterungspläne König Max' II. (reg. 1848–1864) hinsichtlich der neuen Maximilianstraße, deren Bau 1852 begonnen wurde, beinhalteten ausdrücklich auch Cafés, wie der ausführende Architekt Friedrich Bürklein in seinen Aufzeichnungen überlieferte: „In der Hauptform eines römischen Forums angelegt ein würdiger Bauplatz für öffentliche Bauten und Monumente, ein Corso, ein Sammelplatz der gebildeten Welt. Gleich den Champs-Elysées in den entfernten Theilen zwischen Privatgebäuden: Conditoreien, Kaffee- und Speisehäuser, Säle für Musikfeste und Cirkus ..."

Neben der Ausweitung des Stadtgebietes, die den Raum und Bedarf für Neugründungen schuf, wirkte sich auch eine Änderung der Gewerbeordnung positiv für die Cafébetreiber aus. Per Beschluss vom 6. Februar 1804 wurden die Kaffeesieder und die „Traiteurs" (Speisewirte) zu einem Gewerbe zusammengelegt, gleichzeitig die Hofschutzbefreiung der Cafetiers aufgehoben und ihr Metier der bürgerlichen Jurisdiktion unterstellt. Es war ihnen nun erlaubt, auch andere Getränke, sogar Wein und Bier, sowie Essen anzubieten. Beim Bierverkauf gab es jedoch eine Mengenbeschränkung. Aus Rücksicht auf die Wirtshäuser wurde der Ausschank in Maßkrügen nicht gestattet. Durch diese neue Verordnung hatten die Cafetiers nun dennoch mehr Spielraum, um gastgewerblich weiterexistieren zu können. Auch in Wien erwirkten die Kaffeewirte 1811 die Genehmigung, zweimal am Tag warme Speisen anbieten zu dürfen. In Frankreich kam es ebenfalls ab 1800 immer häufiger zur Kombination zwischen Café und Speisegaststätte.

Um die Jahrhundertmitte zählte München rund 89.000 Bewohner. In der Stadt lebte ein Heer von Beamten und Soldaten. Im Gegensatz zu vielen anderen Großstädten gab es damals in der Landeshauptstadt vergleichsweise wenig Industrie, aber zahlreiche kleine Handwerksbetriebe. 1851 befanden sich unter den 14 reichsten Bürgern der Stadt allein acht Brauer. Dieses Gewerbe wurde zum Hauptfaktor der Münchner Wirtschaft im 19. Jh. Doch von den 62 Brauereien, die 1822 noch existierten, war bald nur noch ein halbes Dutzend Großbrauereien übrig geblieben, von denen die Löwenbrauerei bereits 1873 als erste Aktiengesellschaft auftrat.

Neben den vielen Bierwirtschaften bekamen die Caféhäuser aber noch weitere Konkurrenz. Unter Ludwigs Vater Maximilian IV. Joseph (reg. 1799–1825), der 1806 durch Napoleon I. als Maximilian I. Joseph die Königswürde erlangte, wuchs der literarische Markt weiterhin beträchtlich. 1802 erfolgte die Genehmigung eines literarischen Instituts, das sich „Museum“ nannte und dessen Initiative wiederum von Graf Rumford ausging, der auch eine führende Rolle im geistigen Leben der Stadt spielte. Die Organisation knüpfte an die aufklärerischen Lesegesellschaften an und wollte ihren Mitgliedern eine ausgiebige Lektüre ermöglichen. Nachfolgend entstanden ein ganze Reihe von Lesezirkeln und Lesebibliotheken. Der Zusammenschluss von Lesefreunden zu einem Verband brachte den Vorteil der Geldersparnis durch ein gemeinschaftliches Abonnement der teuren Zeitungen und übrigen Publikationen. Unter Max' Vorgänger Karl Theodor waren die Lesegesellschaften noch weitgehend verboten, da sie der Obrigkeit nach dem Ausbruch der Französischen Revolution als Hort von Widerständlern galten. Anfang des 19. Jhs. änderte sich das jedoch. München wurde zu einem Zentrum dieser Bewegung. Es entstanden Lesekabinette mit eigener Gastronomie, die zur Entspannung und Diskussion bei Kaffee und Kuchen einluden und damit das Angebot der Cafés abdeckten.

Bis 1835 erhöhte sich die Zahl der Caféhäuser innerhalb von 30 Jahren nur um zehn auf insgesamt 41 Lokale. Im Jahr 1845 nannte das Münchner Adressbuch dann bereits 62 Cafébetreiber, 1892 war in einem Artikel über das Münchner Caféhaus-Leben schon von 84 Prachtcafés und unzähligen kleinen Lokalen in allen möglichen Stilarten die Rede. 1895 wurden 236 Cafés in München registriert. Dieses Wachstum hielt bis nach der Jahrhundertwende an. Nicht ohne Grund meldeten deshalb die „Münchner Neuesten Nachrichten“: „Cafés schießen wie Pilze aus dem Boden“. Zwischen 1870 und 1910 hatte die Stadt auch das bislang größte Bevölkerungswachstum seiner Geschichte zu verzeichnen; innerhalb von 40 Jahren verdreifachte sich die Einwohnerzahl auf 600.000 Münchnerinnen und Münchner.

Das Elitecafé „Tambosi“

Schon Sarti, dem Begründer des „Hofgartencafés“, war es gelungen, die bayerischen Regenten eng an sein Lokal zu binden. Auch sein Nachfolger, ebenfalls Italiener, war auf diesem Gebiet sehr erfolgreich. Der „Schokolateur“ Luigi Tambosi

(1772 Rovereto–1839 München) und seine Frau Augustine (1780–1839) pachteten ab 1810 das Caféhaus an der Hofgartenmauer und zahlten dafür an die Kurfürstin-Witwe Maria Leopoldine jährlich 1.400 Gulden Zins. Das Ehepaar hatte einige Startprobleme, v. a. aufgrund fehlender Sprachkenntnisse, denn sie lebten zum Zeitpunkt der Übernahme erst seit zwei Monaten in der Stadt. Anfangs wohnten sie bei dem Weinwirt Johann Balthasar Michel in der Rosengasse, der 1801 als erster Protestant in München das Bürgerrecht erhalten hatte. Tambosi besaß, wie schon sein Vorgänger Sarti, beste Kontakte zum Herrscherhaus. Er hatte zuvor in verantwortlicher Position (als „Chef d'Office" und „Glacier") bei Eugène Beauharnais, dem Stiefsohn Napoleons I. gearbeitet. Der nachmalige Schwiegersohn König Max I. Josephs, der im Zuge der Vermählung zum Herzog von Leuchtenberg ernannt wurde, ließ sich durch den Architekten Leo von Klenze ab 1817 gegenüber vom Hofgartencafé das größte Palais Münchens errichten.

Die Tambosis konnten bereits nach sieben Pachtjahren so viel Kapital aufbringen, dass sie das Lokal um 22.000 Gulden in ihren Besitz bringen wollten. Doch dann stellte sich heraus, dass das Caféhaus und die angrenzende Reitschule der Neugestaltung des Platzes vor dem ehemaligen Schwabinger Tor weichen sollten. Als dies 1825 der Fall war, trat Maria Leopoldine die an Tambosi verpachtete Kaffeeschenk-Genehmigung an die königliche Finanzverwaltung ab. Hofbankier Simon Freiherr von Eichthal und Architekt Ulrich Himbsel, dem schon das „Englische Café" am Lenbachplatz gehörte, erwarben sie und ließen bis 1827 auf dem nach dem Abriss der beiden Gebäude freigewordenen Gelände den „Bazar" errichten, ein damals hochmodernes Kaufhaus mit zahlreichen Ladengeschäften im Erdgeschoss. Seine klassizistische Fassadengestaltung stammte wiederum von Klenze, dem Lieblingsarchitekten Ludwigs I. Im südlichen Eckbau wurde das von Tambosi weiterhin betriebene neue „Hofgartencafé" untergebracht. Es entstand ein exklusives Lokal mit nobler Ausstattung und hochwertigen Angeboten an Süßspeisen und Getränken. Vor allem die Qualität des Röstkaffees war legendär. So dichtete der österreichische Autor Ferdinand Raimund (1790–1839): „Beim Hirsch und bei Hahn /

Ißt man wie ein Gourmand. / Und dann der famosi / Kaffee beim Tambosi.“ Laut einem Bericht aus dem Jahr 1835 gelangte man durch den Eingang vom Hofgarten aus in einen Bereich, der ein großes Angebot an Konditoreiwaren und Früchten offerierte, gefolgt von drei großzügigen Räumen mit Billardtischen. Rasch entwickelte sich das Lokal zur vornehmsten Adresse unter der ständig wachsenden Zahl an Münchner Caféhäusern. Ein Grund für den großen Zulauf war sicher die gute Lage. Bei Tambosi Eis zu essen war für viele Adelige, gutsituierte Beamte und Bürger der krönende Abschluss einer Ausfahrt oder eines Spaziergangs im Hofgarten oder im Englischen Garten. Außerdem eröffnete gegenüber dem Bazar 1828 der neue Konzert- und Ballsaal, das Odeon, einer der bedeutendsten Veranstaltungssäle Münchens bis zu seiner Zerstörung im 2. Weltkrieg.

Unter der Regie des Italieners wurde das „Hofgarten-Café“, das er 1831 für 30.000 Gulden erwarb, zum Mittelpunkt der feinen Gesellschaft. Hier hatte auch der Verein der „Tambosianer“ seinen Sitz. Zu ihm gehörten über hundert meist adelige Offiziere der bayerischen Armee, die sich regelmäßig im Nebenzimmer zum Billardspiel trafen, manchmal sogar in Gesellschaft von Kronprinz Max II. Zu den Stammgästen zählten auch Ludwig I. sowie weitere Mitglieder des Hofes, daneben viele Künstler und Gelehrte aus dem Umfeld des Regenten, darunter der königliche „Central-Gallerie-Direktor“ Johann Georg von Dillis, der Hofmaler Wilhelm von Kaulbach, der österreichische Maler der Spätromantik Moritz von Schwind, der von Ludwig I. und seiner Gemahlin Aufträge erhielt, der Landschaftsmaler Carl Rottmann, Professor Friedrich Wilhelm Schelling, der Philosophielehrer des Kronprinzen, der Hofmusikintendant Franz von Pocci und viele andere. Das „Tambosi“ war „unbestreitbar das vornehmste“ Caféhaus in München „mit starker Frequenz aus den noblen Klassen, wo sich im Sommer bei Militärmusik le beau monde ausstellt“, berichtete Ludwig I. selbst in einem seiner Briefe an Klenze. Man erzählte sich, dass der König dort manchmal von Tisch zu Tisch gehe, um die Künstler und die Damen der Gesellschaft zu begrüßen. Zeitweise bot sich im Café als zusätzliche Attraktion ein Varieté mit „abnormen Sehenswürdigkeiten“. Ein Chronist schreibt, dass für das Zur-

Das „Hofgartencafé Dengler", vormals „Tambosi", im Bazargebäude. – Fotografie, um 1885

schaustellen eines jungen Adlers 30 Kreuzer, für die Darbietung eines Opernsängers 40 Kreuzer zu bezahlen waren. Das Lokal errang in der Zeit des Biedermeiers einen großen Bekanntheitsgrad weit über die Stadtgrenzen hinaus. Sein Erfolg beruhte auf qualitativ hochwertigen Produkten, mit denen es auch einige Münchner Kulturstätten belieferte, und dem hervorragendem Service. August Lewald schrieb in seinem „Panorama von München" 1835: „Der Name Tambosi hat in der Münchner Kaffeewelt den bedeutendsten Klang. Bei den Konzerten im Odeon, im Hoftheater, auf den Bällen, in der Gesellschaft ‚Frohsinn': überall war das Büfett von Tambosi ...Gibt man ein Rendezvous, so bestellt man sich zu Tambosi im Hofgarten; will man vormittags eine gute Tasse Chocolade, so geht man zu Tambosis Chocolade-Fabrik gegenüber der Theatinerkirche; gibt die vornehme Welt ein Diner, so besorgt Tambosi Glace (= Eis) und Dessert und, wird es verlangt, auch Silber und Gedecke." Für Ludwig I. und seine Geliebte Lola Montez soll der Italiener Konfekt und Tafeldekorationen aus Zucker und Eis kreiert haben.

Am 4. April 1938 las man im „Augsburger Figaro", Tambosi sei „der Rothschild unserer Conditors, Caffetiers und Schokolatiers. – Sie finden hier alle Journale, – die ausgenommen, welche fehlen. – Ein Blatt, daß in München erscheint und nicht bei Tambosi zu finden ist, wird sich nicht lange halten können. Es gibt keinen zweiten Ort in München, der tagtäglich ein so großes Publikum bei sich sieht, als Tambosi. – Hier ist es, wo man, und zwar noch brühheiß, die neuesten Nachrichten des In- und Auslandes erfährt. Was die allgemeine Zeitung morgen bringt, das weiß man heute schon bei Tambosi." Nach dem Tod Tambosis 1839 übernahm sein zweitgeborener Sohn Louis das Lokal. Zur Neueröffnung meldete die „Augsburger Abendzeitung" am 27. August 1840: „Ausnehmenden Beifall fand gestern die Eröffnung des Tambosischen Foyers im Bazar, welches auf Eleganteste dekoriert und neu hergerichtet wurde." Das bezeugte damals auch der Münchner Schriftsteller Sebastian Daxenberger (1809–1878): „Wer die Eleganz der französischen und Wiener Lokale in München suchen wollte, irrt sich. Nur eins macht den Anspruch, in diesem Sinne fashionable zu sein: Tambosi unter den Arkaden am Eingang des Hofgartens. Dies ist ein von künstlerischer Hand geschmücktes Café mit allen begehrten Vorzügen. Tambosi ist das Gesellschaftshaus der jungen Leute. Dort kannst du die ausgezeichnetsten Schauspieler und Musiker, die vorzüglichsten Maler, Literaten, Studenten, vornehme Offiziere, interessante Fremde, die besten Karten- und Billardspieler kennenlernen." Nach der Erhöhung der Eckbauten des Gebäudes wurde laut Stadtführer aus dem Jahr 1858 im ersten Stock über dem Café eine Börse eingerichtet. Außerdem befanden sich damals im Bazar neben einigen noblen Geschäften auch die Konditorei Gampenrieder und ein weiteres Restaurant.

Der erstgeborene Sohn Giovanni/Joseph Tambosi machte am Wittelsbacher Hof Karriere. Ab 1839 diente er als Kammerdiener Ludwigs I., ab 1849 war er Hofkellermeister Maximilian II. Josephs. 1857 erhielt er den Verdienstorden des hl. Michael und wurde drei Jahre später als Herold in den Hubertusorden aufgenommen. 1863 befand er sich mit Kurfürst Max II. auf einem Segeltörn im Mittelmeer. Die Tambosi-Brüder starben beide im Jahr 1872. Nach Louis, der das Café bis 1868 leitete, wurde das Lokal nach mehrmaligem Besitzerwechsel erst ab 1920 durch Anna und Gustl Annast wieder zu einer echten Münchner Institution (siehe S. 105). Bereits um 1900 eröffneten zwei weitere Caféhäuser im Bazar, da die gute Lage viel Kundschaft anzog.

Innenansicht des „Hofgartencafé Dengler", vormals „Tambosi". – Fotografie, um 1895

Der „Postillon d'amour" und der letzte Hofnarr – Stammgäste des „Tambosi"

Zwei Münchner Originale ruhten sich gern in den weichen Polsterstühlen des „Tambosi" aus und genossen dort Kaffee und süße Schnäpse: Josef Huber (1763–1829), auch „Finessen-Sepperl" genannt, ging als „Postillon d'amour" in die Stadtgeschichte ein. Der schmächtige, kleinwüchsige Sohn eines Kutschers kam im Haus des Altmünchner Cafés „Zum Haarpuderwaberl" (s. S. 62) auf dem Petersbergl zur Welt. Er konnte weder Lesen noch Schreiben, obwohl 1771 in Bayern die allgemeine Schulpflicht eingeführt worden war, hatte aber einen wachen Verstand und viel Humor. Da er sich für schwere körperliche Arbeit nicht eignete, betätigte er sich als Laufbursche. Gewöhnlich war er mit kurzem Spenzer und schwarzer Lederkappe bekleidet und trug einen Armkorb mit sich. Seine Braut, die „Rote Nanni", hatte angeblich nur eine Körpergröße von 95 cm. Als Liebesbrief-Austräger und Vertrauensmann für heimliche Angelegenheiten stellte er private Korrespondenz zu, die er im doppelten Boden seines Korbs transportierte, vermittelte Rendezvous und schlichtete Streitigkeiten. Für die feinen Damen besorgte er Bücher aus den Leihbibliotheken, die sich aufgrund ihrer Thematik rufschädigend hätten auswirken können, und brachte sie wieder zurück. Er war über viele Geheimnisse in der Stadt bestens informiert, ohne je eines preiszugeben. Für seine Dienste erhielt er ein paar Kreuzer oder Naturalien. Die Stadtchronik vermeldete unter dem 26. April 1829 seinen Tod und schrieb dazu: „Seine drolligen Einfälle und Antworten gefielen den Leuten und sein Sprichwort ‚Nix g'wiß weiß man nit' wurde zum allgemeinen Sprichwort der Münchner."

Georg Pranger/Prangerl (1745–1820) betätigte sich als letzter Hofnarr der Wittelsbacher und war als Violinist ab 1784 auch Mitglied des Hoforchesters. Er trug gern Reiterhosen, darüber einen grauen Frack und einen großen Hut. Gelegentlich ritt er auf einem kleinen Pony durch die Stadt. Im Café „Tambosi" trug er Schlager und selbstverfasste Gedichte vor. Man erzählte sich viele Anekdoten über ihn und schätzte ihn als listigen Scherzbold. Einmal soll er am helllichten Tag mit einer Laterne über den Schrannenplatz (heute Marienplatz) gelaufen sein und die Leute gebeten haben, ihm beim Suchen nach seinem Verstand zu helfen. Er habe ihn aus lauter Liebe zu seiner schönen Frau verloren. Selbst Königin Karoline, die 2. Gemahlin Max I. Josephs, wurde ein Opfer seines Schabernacks. Einmal fragte sie den Prangerl: „Wie kommt's denn nur, dass die Leut' so gar schnell in Streit geraten?" Da antwortete er ihr: „Rotborstige Sau, des is ganz leicht!" – „Was? Impertinenter Kerl, Du erlaubst Dir solche Ausdrücke gegen meine Person?", entgegnete sie entrüstet. Da verbeugte sich der Hofnarr lächelnd und erwiderte: „Nun, sehen's, i wollt Euer Durchlaucht nur zeigen, wia leicht ma sie glei z'kriagn kann!" Auch bei derben Streichen genoss er stets die Rückendeckung des Regenten.

Der Münchner Flaneur Sebastian Franz von Daxenberger widmete den beiden Originalen 1840 in seinen Betrachtungen über die Stadt ein Kapitel und klagte: „Es gibt keinen öffentlichen Charakter dieser Art in München mehr. Unsere Zeit verwischt das Eigenthümliche." Im Haupttorbogen des Karlstors erinnern heute gemeißelte Brustbilder an die beiden schrulligen Münchner.

Zwei Münchner Originale: der Finessen-Sepperl (links) und der Hofnarr Georg Prangerl

Wachsende Vielfalt

Um die Mitte des 19. Jhs. existierten in München bereits Caféhäuser vielerlei Couleur: einige wenige Lokale ersten Ranges, die der Oberschicht und dem gehobenen Bürger- und Beamtentum vorbehalten waren, gefolgt von einer Reihe gut besuchter Mittelklasse-Cafés, die viele Reisende und alle Schichten der Bevölkerung frequentierten, vom Handwerksburschen bis zum Adel, darunter einige reine Damensalons, und es gab schließlich auch die einfachen, preiswerten Kaffeeschänken für Hausmägde, Köchinnen und Marktfrauen. Letztere traten gehäuft rund um den Viktualienmarkt auf, der sich damals erst formierte. Seit dem Ende des 18. Jhs. waren die verschiedenen Marktfunktionen vom alten Schrannenplatz (ab 1854 Marienplatz) nach und nach an andere Orte verlegt worden: Die Dulten kamen in die Au, der Kräutl- und Eiermarkt auf den Viktualienmarkt, der Getreidemarkt ebenfalls, später auch der Fisch- und Fleischmarkt. Als hier 1853 eine Schrannenhalle eröffnet wurde, bestand erhöhter Bedarf an billigen Kaffee- und Bierschänken für die Gewerbetreibenden und deren Kunden.

Im einstigen Dechanthof von St. Peter, der 1806 an einen Privatmann verkauft worden war, bestand neben einem kleinen Kosmetikladen ein Ausschank, den Josef Heitmayr gegründet hatte und der bis zur Mitte des 19. Jhs. im Volksmund „Zum Haarpuderwaberl“ hieß. Hier wurden mit Surrogaten gestreckter Bohnenkaffee und selbst gerösteter Haferkaffee verkauft. Am Faschingsdienstag hatte man zum Tanz der Marktfrauen auch Perückenpuder im Angebot, von daher rührte der seltsame Name. Später wurde das Lokal nach den neuen Besitzern „Café Marx“ genannt. 1875 ging das Haus in den Besitz der Metzgerfamilie Neumayr über, die zwei Jahre später das Nebengebäude erwarb, dort einen Neubau mit Terrasse errichtete und das „Café Neumayr“ (Petersplatz 8, Viktualienmarkt 14) eröffnete. Aufgrund seiner Aussicht über den Markt war es sehr beliebt, musste jedoch 1969 aufgrund der übermächtigen Konkurrenz auswärtiger Anbieter schließen.

Beliebt bei allen Gesellschaftsschichten war zwischen 1831 und 1880 ein Kaffeeausschank im Anwesen Viktualienmarkt 8; ab 1852 trug er den Namen „Stadt Kempten“. Das Café wurde später als Bierwirtschaft weiter geführt und 1925 von der Löwenbrauerei übernommen. Fortner bedachte es in seinem „Humoristischer Wegweiser“ 1892 mit folgendem Gedicht:

Stadt Kempten
In da Stadt Kempten drin
War amal a Leb’n
Wias no Kaffeehaus war,
Da hat’s oft Leut geb’n.
Grod wia beim Gröber jetzt
Alles durchanand,
So hat ma’s früaher gliabt,
Jetzt wars fast a Schand.

Das hier erwähnte „Café Gröber“ (Viktualienmarkt 10, dann Frauenstr. 6) befand sich ab 1845 in einem Anbau an der alten Stadtmauer. Die Raumverhältnisse waren zwar sehr beengt, dafür hatte man von den rückwärts gelegenen Fenstern aus einen schönen Blick auf Giesing und das Gebirge, was auch die Münchner Künstlerschaft zu schätzen wusste, die gern zu Besuch kam. Zudem standen hier „alle Jahrgänge aller illustrierten Zeitungen gebunden“ (laut Auer 1868) zur Verfügung. Nach dem Tod Georg Gröbners 1847 führte seine Witwe Maria das Café bis 1874 weiter und übergab es dann an ihren Sohn Ludwig. Fortner verfasste auch über dieses Lokal 1892 ein Gstanzl:

> Beim Gröber am Markt drunt
> Dern viel Leut verkehrn,
> In da Kuchl d'Ratschkathl'n
> Im Salon drinnat Herrn.

Da das Areal des Viktualienmarktes verändert wurde, musste das Haus 1892 an die Stadt verkauft werden. Ludwig Gröbner zog mit seinem Café in sein 1881 erworbenes Haus in der Frauenstraße um. Es bestand bis zum 2. Weltkrieg. Über die Neueröffnung hieß es: „Das neue Café Gröber ist trotz der Einfachheit ebenso elegant als mit künstlerischem Sinn ausgestattet. Ein Billard gibt es wie im alten Café Gröber nicht, dafür aber eine reich ausgestattete Bibliothek mit populärwissenschaftlichen Arbeiten und mit Unterhaltungslektüre (sämtliche Bände der Fliegenden Blätter); die Zeitungen, die aufliegen, sind so zahlreich wie in mancher Zeitungsredaktion nicht.“

Es gab noch eine Reihe weiterer Cafés mit einem opulenten Angebot an Magazinen aller Art. Das Hofgartencafé „Tambosi“ (s. oben) bekam 1856 Konkurrenz durch das „Café Probst“ in der Neuhausergasse, das sich bis 1903 an der Stelle des nachfolgenden Kaufhauses Oberpollinger befand. Der Weinwirt Franz Paul Probst richtete das vornehme Lokal ein, dessen prunkvolle Ausstattung viel Aufsehen erregte. Weltstadt-Atmosphäre, wie man sie damals schon lange in Paris und Wien kannte, fasste mit ihm erstmals in München Fuß. Zu seiner Eröffnung vermerkte der Münchner Stadtchronist: „... viel bewundert wurden ... die Schnitzereien des Buffetts und die Oelgemälde im Billardsaale, die Szenen aus dem Caféhaus-Leben darstellten.“ Gewölbte und mit Glas gedeckte Raumabschnitte, voneinander getrennt durch Säulen und Karyatiden, wechselten sich ab; Stuckornamente überzogen die Decken. Ludwig I., der damals bereits abgedankt hatte, soll die Verwendung von Stuck für die Ausschmückung der Räume sehr missbilligt haben („Was bleibt dann noch für die

Kirchen?") und der Meinung gewesen sein, dass sich ein so nobles Caféhaus in München nicht würde halten können. Er irrte sich in diesem Punkt, und 1888 sollte dann mit der Eröffnung des „Luitpold" in der Brienner Straße überhaupt die Ära der Münchner Palastcafés anbrechen. Bernhards Reisehandbuch nannte das „Café Probst" 1868 an oberster Stelle unter den Lokalen 1. Ranges und schrieb darüber: „Hübsche geräumige Lokalitäten, 4 Billards. Dejeuner, warme Getränke aller Art. Cafe Morgens u. Mittags ohne Brod 6 kr. (= Kreutzer). Beliebtes und ältestes Cafe, aufmerksame Bedienung. Von Morgens 5 bis Abends 7 Uhr geöffnet." Auch das umfassende Angebot an Magazinen lockte die Besucher an; u. a. waren viele Skandinavier Stammgäste, darunter auch der Schriftsteller Henrik Ibsen (1828–1906), da hier sogar aktuelle Zeitschriften aus Norwegen und Schweden auslagen.

Nicht nur wegen seiner Lektüre beliebt war das „Café Ungerer" in der Brienner Straße, Ecke Odeonsplatz. In einer Anzeige pries der Besitzer 1867 das „modern, und mit allem Comfort und Eleganz ausgestattete Kafé-Lokal unter Verleitgabe von reinem Café, ächten Weinen, gut zubereiteten Déjeuners, feinsten Düsseldorfer Liqueurs und 52 der besten in: und ausländischen Journale. Von nachmittags 4 Uhr an Löwenbräu-Bier. Spiellustigen empfehle ich meine 4 französischen Schieferplatten-Billards (3 Carambol, 1 mit Löchern) aus der rühmlichst bekannten Fabrik des Herrn Schleiffer in Straßburg zur gefälligen Benützung." Der Ingenieur August Ungerer schuf 1886 die Möglichkeit, den Cafébesuch mit einem erfrischenden Bad zu kombinieren. Er verband das elterliche Lokal durch eine auf eigene Kosten betriebene elektrische Schienenbahn mit seinem Naturbad, das er in Schwabing führte. Es handelte sich um eine mit Grotten und Wasserspielen künstlich angelegte Freizeitanlage, der Vorläuferin des heutigen Ungererbades.

Die Vegetarier unter den Kaffeefreunden hatten im 19. Jh. mit dem „Café Ceres" (Löwengrube 8) ein ganz auf ihre kulinarische Vorlieben abgestimmtes Lokal. Seit der Jahrhundertwende verbuchte es zunehmende Beliebtheit, so dass man 1930 in der Türkenstraße eine Filiale eröffnete (im 2. Weltkrieg zerstört). Henrik Ibsen verkehrte auch im „Café Maximilian" (Maximilian-

Café Ungerer,

Briennerstrasse, Eckhaus, Odeonsplatz Nr. 1,

empfiehlt sein

modern und mit allem **Comfort** und **Eleganz** ausgestattetes

Kafé-Lokal

unter Verleitgabe von reinem **Café**, ächten **Weinen**, gut zubereiteten **Dejeuners**, feinsten Düsseldorfer **Liqueurs** und **52** der besten in- und ausländischen **Journale**.

Von Nachmittags 4 Uhr an

Löwenbräu-Bier.

Spiellustigen empfehle ich meine vier französischen **Schieferplatten-Billards** (3 Carambol, 1 mit Löchern) aus der rühmlichst bekannten Fabrik des Herrn Schleiffer in Straßburg zur gefälligen Benützung. Hochachtungsvollst!

A. Ungerer, Cafetier.

Anzeige „Café Ungerer" im Adressbuch 1867

str. 26), laut Auers Fremdenführer aus dem Jahr 1868 „das schönste und nobelste Café", in dem man besonders viele Studenten und Offiziere antreffen konnte und das damals ein Treffpunkt der literarischen Welt in der Stadt war. Es wird berichtet, dass den norwegischen Schriftsteller, wenn er in seinem langen Gehrock und Zylinder das Café betrat, stets schon eine Halbe Bier und ein Glas Kognak auf dem Marmortischchen, das für ihn immer reserviert war, erwartete. Der Schweizer Victor Tissot (1845–1917) besuchte 1878 bei seinem Aufenthalt in München ebenfalls dieses Lokal, das ihn aber offensichtlich wenig begeisterte. Er notierte darüber: „Im Café Maximilian, das die Münchener mit Unrecht für ein ‚Café Royal' halten, kehrt man einfach die Servietten um und die Gäste stecken den gebrauchten Zahn-Stocher wieder an seinen alten Platz. Der Rauch ist so dicht, dass man das Hemd wechseln könnte, ohne die Schamhaftigkeit seiner Nachbarn zu verletzen."

Auch die bürgerlichen Künstler, von denen die meisten im 1824 gegründeten „Kunstverein", einem Gegengewicht zur Königlichen Akademie der Schönen Künste, vertreten waren, hatten ihre Stammlokale. Dazu gehörte das Anfang der 1830er-Jahre eröffnete „Café Fink" am Frauenplatz (Löwengrube 1). August Lewald bemerkte dazu in seinem Stadtführer 1835: „Eines der interessantesten (Cafés) ist das Fink'sche, die sogenannte Malerkneipe, vor dem Carlsthore. Hier versammeln sich die jungen Maler, und oft schon sind Genrebilder mit dem Beifall der Kunstwelt beehrt worden, deren Originale in diesem unansehnlichen Winkel zusammengedrängt sitzen ..." 1869 erwarb Adolf Baumann, der zuvor ein paar Jahre in Paris ein Restaurant geleitet hatte, das Lokal. Nach dessen Tod führte es seine Frau, später die Tochter weiter (1923 geschlossen).

Die Kreativen hatten in späteren Jahren ihren Stammtisch im „Café Schafroth" (Dienergasse 20). Davon berichtete Friedrich Morin 1857 und lieferte eine Beschreibung des Vereinsortes, der ganz im Zeichen der Mittelalter-Mode stand: „In einem Zimmer des ersten Stocks daselbst, ganz mittelalterlich eingerichtet, mit Holzschnitzwerk, kleinen Bildnissgestalten und kunstvoll gearbeiteten Hausrath, Trinkgefässen u.s.w. geschmückt, hat die Künstler-Gesellschaft, welche sich früher im ‚Stubenvoll' am Anger versammelte, ihre täglichen Zusammenkünfte."

Eine Besonderheit war das „Englische Café“ zwischen Ottostraße und Lenbachplatz. Zusammen mit dem „Tambosi“ gehörte es zu den ersten exklusiven Lokalen in München. Baurat Ulrich Himbsel, der Eigentümer, verpachtete es 1820 an einen Engländer namens Hatton, dessen Nationalität zur Namensgebung führte. Hier wurde am 12. Februar 1826 von bayerischen Aristokraten nach dem Vorbild englischer Clubs der Verein „Altengland“ gegründet. Dessen Mitglieder, die „Lords“, kleideten sich nach der altenglischer Herrenmode; der Vorstand war Lordmajor und trug bei den Festdiners eine Allonge-Perücke. Neben Beamten, Gelehrten und Künstlern zählte die Gesellschaft viele Adelige, z. B. die Herzöge August und Maximilian von Leuchtenberg, Graf Wilhelm von Württemberg, den Herzog von Urach und Herzog Karl Theodor in Bayern. Jeder neu Aufgenommene erhielt ein Wappen, meist nach einem Entwurf von Franz Graf Pocci. Sobald das neue Mitglied fünf Flaschen Champagner gespendet hatte, umrahmten sein Wappen silberne Nägel. Herzog Max in Bayern, ein Feind jeder Etikette, war von dem fröhlichen Tun und Treiben „Altenglands“ so begeistert, dass er im April 1845 ebenfalls eintrat und die „Lords“ auch öfters in sein gastliches Haus einlud. Franz von Kobell versorgte den Verein mit amüsanten Versen und widmete Herzog Max die Ausgabe seiner oberbayerischen Mundartgedichte, die sich um die Jagd, die Liebe und den Wein drehten. Zu dem kleinen Caféhaus gehörte ein vorgelagerter Gastgarten, der die volle Breite des Grundstücks am Lenbachplatz einnahm. Der Münchner Dichter Sebastian Daxenberger notierte 1840: „Das Englische Caffeehaus, wo ‚England‘ hoch und ritterlich thront, eine Zusammenkunft von etwa zwanzig Freunden, deren Gespräche und Wesen einer Tieck’schen Novelle zur Unterlage dienen könnten, von englischem Ernste und deutscher Gemüthlichkeit erfüllt.“ Und Fortners „Humoristischer Wegweiser“ dichtete 1892:

Englisch Café
Im Englischen drunten
Dös woas ma ja eh,
Dort verkehrt meistentheils
Nur grod ’s haut volé.

„Englisches Café". – Postkarte, 1896

1887 erwarb Lehmann Bernheimer, königlich-bayerischer Hoflieferant für Heimtextilien, das Lokal und ließ auf der Gartenfläche durch Friedrich von Thiersch und dessen Schüler Martin Dülfer sein neues Geschäftshaus – den ersten repräsentativen Neubarockbau Münchens – errichten. Das rückwärtige Caféhaus wurde nach einem Feuerschaden und Umbau 1897 in das Palais Bernheimer integriert. Nach dem Verlust des Gartens hatte es jedoch sehr an Attraktivität verloren und schloss kurz vor der Jahrhundertwende.

Vergleichbar mit den Teesalons der Adelsschlösser im Barock und Rokoko, kamen im 19. Jh. in Westeuropa auch für die Bürger Cafés in Mode, die den Genuss des exotischen Getränks mit einer dem Orient entlehnten Architektur und Ausstattung verbanden. In München eröffnete am 8. Januar 1891 Albert Marx in der Rumfordstr. 32a (heute Nr. 34) – zwischen Isartor und Sendlinger Straße – das „Café Orient". Es handelte sich dabei um einen länglichen Raum von 20 x 9 m, der durch drei Pfeiler unterteilt war und sich im Erdgeschoss eines Mehrfamilienhauses befand. Laut Anzeige im Münchner Fremdenblatt war er

„prachtvoll im orientalischen Stile mit allem Comfort der Neuzeit“ eingerichtet. Das kleine Lokal existierte bis um das Jahr 1909. Gegenüber den um 1900 üblich gewordenen großen Hallen war es deutlich reduziert auf die Caféhausmaße, die vor 1873 gebräuchlich waren.

Schon vor der Jahrhundertmitte waren die Münchner Cafés neben den Wirtshäusern zu einem wichtigen Bestandteil im gesellschaftlichen Leben geworden, denn auch in ihnen traf sich die wachsende Zahl an Interessenverbänden und Freizeitzirkeln. Der Stadtflaneur Daxenberger berichtete 1840 von sehr vielen Stammtischen: „In jedem Bräu- und Wirtshause, in jedem der bedeutenderen Caffés sind abonnirte Tische, separirte Zimmer.“ Es gab die drei großen Münchner Gesellschaften „Frohsinn“, „Museum“ und „Bürgerverein“ mit je rund 500, 300 und 200 Mitgliedern. Bei den ersten beiden waren der höhere Beamtenstand und jene Adelsfamilien, die nicht zu den hoffähigen gehörten, vertreten. „Glänzende Bälle und reichhaltige Zeitungslectüre sind ihre Lebensmomente. Oft werden Vorlesungen im Schönwissenschaftlichen versucht“, beschrieb Daxenberger deren Aktivitäten; daneben wurden auch Theateraufführungen und Konzerte geboten. Außerdem existierten bereits viele Privat-Gesellschaften, Vereine, Kränzchen und Clubs zur Unterhaltung der bürgerlichen Stände. Genaue Zahlen nennt das Adressbuch aus dem Jahr 1845: 70 Vereine, 124 Privatgesellschaften und 9 Studentenverbindungen; daneben sind 62 Cafetiers verzeichnet. Sie durften aber für ihre Gäste damals noch keine Tanzmusik spielen, keine Bälle und Hochzeiten abhalten oder Übernachtungen anbieten. Jeder der Zirkel hatte sein Stammlokal, z. B. die Studentenverbindung „Franconia“ im „Orlando di Lasso“, die „Macaria“ im „Café Urban“, die „Suevia“ im „Café Hermann“; die Privatgesellschaft „Neuer Frohsinn“ im „Café Lorenz“, die „Pappenheimer“ im „Café Höck/Heck“ im Basar, der Schachclub im „Café Fuchs“, „Woiwoda“ im „Stadt Kempten“, „Frohsinn“ im „Café Jais“, Der „Jung-Frohsinn“ im „Café Petri“, die Münchner Künstler-Gesellschaft und der „Eichenkranz“ im „Café Munkert“. Im „Odeon“ pflegten der Literarische- und der Oratorien-Verein sowie die Musikalische Akademie ihre Zirkel. In der neuen, um 1840 gegründeten

Anzeige „Restauration und Café Lorenz" im Adressbuch 1867

„Privatmusikgesellschaft" traf man junge Mitglieder des Hoforchesters; Daxenberger tadelte in diesem Zusammenhang, dass sich „Choristinnen, Gesangs-Dilettantinnen und Tänzerinnen ... dort häufig ohne mütterliche Aufsicht" einfinden.

Eine Sonderstellung nahm die neue Studentenverbindung „Alemannia" ein. Sie stand 1847 unter dem Schutz von Lola Montez, der Geliebten Ludwigs I., und verstand sich gleichzeitig als deren „Garde". Man erzählte sich, dass die roten Mützen der jungen Männer aus den Unterröcken der Tänzerin geschneidert gewesen sein sollen, und diffamierte die „Alemannen" bald als „Lolamannen". Die Verbindung zählte rund 18 Mitglieder. Wenn sie die Hörsäle der Universität betraten, ertönten gellende Pfeifkonzerte, weshalb sie sich bevorzugt im „Café Rottmann" gegenüber dem „Tambosi" am anderen Ende des Bazargebäudes trafen.

Ab Mitte des 19. Jhs. traten laut Adressbuch in München zum ersten Mal Konditorei und Café zu einem Betrieb verbunden auf. Abgesehen vom „Tambosi", das seit 1810 das einzige Lokal mit gleichzeitiger Konditorei war, wurden 1860 in dieser Sparte auch die Cafés „Lutz" am Odeonsplatz und „Hegner" in der Burgstraße genannt. Nachfolgend erhielten immer mehr Zuckerbäcker die Genehmigung zum Kaffeeausschank und bereicherten so die Vielfalt der Lokale. 1868 wurde die Gewerbefreiheit eingeführt. Dies bewirkte das Aufkommen der Bäckerkonditoreien – 1908 waren davon über 400 in München verzeichnet – und allgemein einen Aufschwung von Industrie und Gewerbe. Nachdem sich auch die Kaufkraft des Arbeiterstandes erhöht hatte, wollte und konnte diese Bevölkerungsschicht ebenfalls an den kulinarischen Genüssen, zu denen der Cafébesuch zweifellos gehörte, teilhaben.

Die Caféhausszene im Spiegel der Kritik

Ludwig I. war offensichtlich sehr an der Qualität der Cafés in seiner Residenzstadt gelegen, denn 1835 wurden die gastlichen Stätten ausführlich und kritisch von einer „Königlichen Regierungsspezialkommission zur Visitation der Kaffeehäuser“ beurteilt. Der Bericht gibt einen interessanten Einblick in die Situation um diese Zeit. Während man 1811 im Stadtführer „Taschenbuch für Fremde und Kunstfreunde“ noch lesen konnte, dass man „überall gut bedient“ werde, mussten die Prüfer nun in vielen Lokalen die Qualität der Produkte und den Service rügen. Manchen Häusern bescheinigte man, dass der Kaffee „nur zur Noth trinkbar“, mit Surrogat versetzt oder gar eine ungenießbare „Gelberübenbrühe“ sei, der Zucker mit Schmutz vermischt, die Bedienung unsauber, der Umgangston roh, das Mobiliar dürftig oder die ausgelegte Literatur „von fettartigen Substanzen fast transparent“ seien. Fast alle Cafés besaßen Billard und einen Marqueur, der die Punkte der einzelnen Spieler vermerkte; die vornehmeren Adressen hatten dafür einen eigenen Raum. Daneben wurden auch Domino und Schach gespielt. Gute Noten erhielt das Lokal des Paul Krois (Dienergasse 20), das spätere „Café Schafroth“. Es bestand laut Beschreibung aus zwei ansprechend tapezierten großen Zimmern mit solidem Mobiliar, Wanduhren und großen Spiegeln. Der Kaffee hatte einen angenehmen Geschmack, war allerdings nicht „surrogatfrei“, wie die Prüfer monierten; die Bedienung hingegen war adrett gekleidet und flink, das Publikum stammte aus gebildeten Ständen und pflegte einen „anständigen Umgangston“. Extra erwähnt wurden die große Auswahl an Zeitungen und das obligate Billard. Sehr gut sortierte Zeitungscafés waren laut Prüfbericht auch „Kastner“ in der Heiliggeistgasse, „Stimpfig“ und „Klett“ in der Kaufingergasse. „Tillmetz“ (Rosengasse 6), „Walser“ im Thiereckgäßchen, „Zaller“ in der Weinstraße, „Reibel“ in der Königinstraße am Englischen Garten (später „Café Frisch“), „Seethaler“ am Frauenplatz und „Fink“ in der Löwengrube waren bekannt und gut besucht. Das „Tambosi“ bekam natürlich die besten Bewertungen. Die Prüfer lobten den schmackhaften Kaffee – allerdings fanden sie die Portionen etwas zu klein – und das Eis, eine damals noch nicht sehr verbreitete Spezialität. Hervorgehoben wurde die Militärmusik, die im Sommer zur Unterhaltung der feinen Gesellschaft, die hier verkehrte, erklang.

Dr. Sebastian Franz von Daxenberger, ein Münchner Jurist, Schriftsteller und seit 1835 Sekretär von Kornprinz Max, kam

1840 zu einem ähnlichen Urteil. Er berichtete in seinen beiden Büchern „Münchener; Hundert und Eins" über Cafés verschiedenster Qualität für die einzelnen Bevölkerungsschichten. Die einfachen, kleinen Schänken waren häufig „über eine Stiege" zu erreichen; sie befanden sich also im 1. Stock eines Hauses. Hier verkehrten die einfachen Angestellten, Bürgerfrauen, Händlerinnen, Köchinnen, die sich in einer Arbeitspause kurz auf einen preiswerten „Haferlkaffee" in Stehausschank trafen. Ein Beispiel dafür war das „Café Neumayer" über dem Viktualienmarkt, in dem es bis 1938 dieses Angebot gegeben haben soll. Sogenannte Damencafés waren „Heitmayer" am Petersplatz und „Goldner" am Viktualienmarkt. Besonders hervorgehoben wurde die Tatsache, dass bei „Gerner" und „Seethaler" am Frauenplatz nicht geraucht werden durfte.

Der Publizist und Schauspieler August Lewald fand in München kein einziges Café, das er voll akzeptieren hätte können. Er schrieb 1835: „Nicht ein Einziges ist der Idee entsprechend, die der Fremde davon mitzubringen pflegt. Fast alle sind im ersten Stockwerke; man muß eine finst're Treppe hinaufsteigen, und tappt oft lange umher, bis man den räucherigen Schlot auffindet, wodurch man in das Caffeezimmer gelangt. Ein auch zwei Billarde findet man hier; stets warme und kalte Speisen, Wein und Bier; Caffee nicht zu allen Tageszeiten, und gewöhnlich sehr schlecht. Das Aushängeschild dieser Caffeehäuser ist aber eine Tasse, die auf Wolken ruht!" Besonders störten ihn der allgegenwärtige Bier- und Essensdunst sowie der Tabakrauch. Nur im „Hofgartencafé", dessen Konditoreierzeugnisse er als ausgezeichnet bewertete, sah er dieses Übel etwas besser unter Kontrolle und gab den Ratschlag, dass man dort wenigstens einen Raum einrichten sollte, der ohne Bier- und Tabakgeruch auskommt: „... Tambosi ... ist jedoch eben so entfernt von Eleganz, als die Übrigen. Auch hier wird geraucht, Billard gespielt und warm und kalt gegessen; Bier jedoch nur im Innern getrunken, an den Tischen unter den Bäumen des Hofgartens ist es nicht gestattet, eben so darf dort nicht geraucht werden. Diese Maßregel macht das Plätzchen dem Fremden besonders werth und auch feine Welt und Damen sieht man hier oft einige Stunden des Nachmittags zubringen ... Man ist der Mei-

Kaffeehaus, Café oder Caféhaus?

Die Einfachheit der ersten Etablissements, in denen es Kaffee zu trinken gab, drückte sich um 1700 schon im Namen aus: Coffeestube oder Caffeeschäncke. Im 18. Jh. überwiegt die Bezeichnung „Kaffee-" oder „Caffe(e)"-„Hauß". Im 19. Jh. liest man die Varianten „Caffeehaus", „Coffeehaus", „Kafé-Lokal", „Kaffee" und immer öfters „Café". Für die Betreiber war bis um 1800 die Benennung „Kaffeesieder" oder (abwertend) „Caffeplemperer" üblich; im 19. Jh. war sowohl die Bezeichnung „Kaffetier" als auch „Cafetier" geläufig. Für das Lokal setzte sich im Laufe des 19. Jhs. die französische Bezeichnung „Café" international durch.

nung, daß sich ein Café nach Art derer auf dem Marcusplatze oder des Palais-Royal, in München wegen der vorherrschenden Neigungen zu Bier und Tabak nicht halten könne; ich jedoch glaube, daß eine Stadt von München's Einwohnerzahl, wo tagtäglich eine gewisse Anzahl von Fremden ein- und auswandert, die von Jahr zu Jahr zunehmen muß, mindestens einen geschmackvoll eingerichteten Raum genügend wird bevölkern können, wo man die öffentlichen Blätter, und Café, Sorbets, Chocolade u.s.w. findet, ohne von knallenden Bierstöpseln und dampfenden Pfeifen belästigt zu werden ... Wer das unternehmen sollte? Tambosi! ... Tambosi kennt die Caffeehäuser Italiens und Frankreichs und es ist nicht zu bezweifeln, daß er dem Bedürfniß am ersten, seinem ganzen Umfange nach, würde abhelfen können."

Bekannte Münchner Cafetiers

Der Kaufmann und Bankier Andreas Michael Dall'Armi (* 1765 in Trient, damals zu Österreich gehörig, † 1842 in München) heiratete 1786 Maria Elisabeth (1750–1793), die Tochter des Münchner Bankiers Johann Georg Nocker, und erhielt ein Jahr später aufgrund erworbener Handelsgerechtigkeiten das Bürgerrecht der Stadt München. Das Ehepaar wohnte am Rindermarkt. Dall'Armi pflegte internationale Handelsbeziehungen in ganz Europa, betrieb in München ein florierendes Geschäft für Kaffee, Tabak, Zucker und viele andere Waren, führte ein einflussreiches Bankhaus, war Major bei der königlich bayerischen Nationalgarde und um 1800 einer der bedeutendsten Vertreter des Münchner Bürgerstandes. Er erfüllte eine Reihe wichtiger Ämter, u. a. war er Initiator der von 1795 bis 1800 bestehenden Getreide-Magazingesellschaft, die 1796 durch den Großverkauf ihrer eingelagerten Ware die von Truppen eingeschlossene Stadt vor einer Hungersnot bewahrte. Nicht zuletzt organisierte er 1810 zur Vermählung von Kronprinz Ludwig mit Prinzessin Therese von Sachsen-Hildburghausen mit einem Pferderennen das erste Münchner Oktoberfest, dessen Entstehung deshalb zum größten Teil ihm zu verdanken ist. 1824 wurde ihm die erste goldene Bürgermedaille der Stadt verliehen. Die Familie Dall'Armi führte ein Caféhaus am Frauenplatz 6. Ein Stadtführer empfahl 1857 das Lokal, da es eine große Auswahl an Journalen offerierte und im Erdgeschoss einen Raum für Frauen reserviert hatte, die das Café ohne männliche Begleitung besuchen wollten. In einer Anzeige warb das Café zehn Jahre später neben dem Angebot an Kaffee, Wein, Bier, Likören etc. auch für seine „Restauration mit grösster Auswahl in Dèjeuners und Mittagstisch, Abends in kalter Küche. 5 Billards: 2 deutsch, 2 französisch, und mehr als 70 aufliegende deutsche, französische und englische Zeitungen und Zeitschriften."

1825 gründete der Zuckerbäcker Karl Rottenhöfer (1798 Würzburg–1871 München) eine kleine Konditorei im 2. Stock des Hauses Residenzstr. 10, und 13 Jahre später erwarb er von Baron Simon von Eichthal dessen Palais (Residenzstr. 26) in Nachbarschaft des königlichen Hofes. Darin eröffnete er sein Geschäft, das sich schon bald „Königlich-Bayerische Hofkonditorei" nennen durfte. Wer diesen Titel erhalten wollte, musste beim Oberhofmeister ein Gesuch vorlegen und nachweisen, dass er in tadellosen Vermögens- und Familienverhältnissen lebte und einen einwandfreien Ruf besaß. Dafür durfte man dann diese Auszeichnung und das Wappen des Hofes offiziell führen, z. B. auf seinem Firmenschild, Geschäftspapieren und

Werbeanzeigen. Rottenhöfer betrieb auch eine Schokoladenfabrik. Nach seinem Tod und dem seiner Frau verkauften die Söhne das Palais 1897 an den Konditor Heinrich Griebel, der wegen seiner kunstvollen Tafeldekorationen aus Zucker und Eis großes Ansehen bei der feine Münchner Gesellschaft genoss.

Als zweiter bedeutender Konditormeister in Residenznähe gründete Heinrich Georg Erbshäuser (1844–1905) direkt hinter dem Leuchtenbergpalais 1875 ein Geschäft, das aufgrund seiner Lage von vielen Adeligen und Beamten des Hofes frequentiert wurde. 1886 kreierte er anlässlich des 65. Geburtstags von Prinzregenten Luitpold eine Torte, die in der Folgezeit als Prinzregententorte weite Verbreitung fand. Sie bestand im Original aus acht bis zu 3,5 mm dünnen Bisquitböden, deren Zahl die bayerischen Regierungsbezirke – inklusive der Pfalz, die damals zu Bayern gehörte – symbolisierte. Die Böden waren mit einer Schokoladenbuttercreme verbunden und zusammen mit einem speziellen Fondant überzogen. Erbshäuser wurde für seine Verdienste 1890 zum königlich-bayerischen Hoflieferanten bestellt. Die Konditorei wurde 1925 zum Café ausgebaut. Seit 2017 führt die Ur-Enkelin des Gründers den Betrieb Erbshäuser (Glückstr. 1).

Seit 1845 war der Cafetier Jakob Danner in den Adressbüchern in dem nach ihm benannten Café neben dem Karlstor (Neuhauserstr. 40) verzeichnet. Nach einer Explosion, die 1857 auch den Torbau beschädigte, entstand ein prächtiges Gebäude im Stil der Neugotik. Laut Julius Bernhards Reisehandbuch aus dem Jahr 1868 gehörte es zu den Cafés 1. Ranges, „geöffnet von Morgens 5 bis Abends 7 Uhr. Elegant eingerichtet. Erfrischungen aller Art, sowie kalte Speisen. Sehr beliebt." Es fand so viel Zuspruch, dass man es 1882 erweiterte und ab 1901 zum Hotel „Deutscher Hof" ausbaute. Nachdem Franz Fahrig 1907 das Anwesen erworben hatte, war das Café eines der ersten, die mit einer eigenen Musikkapelle aufwarten konnten. 1918 wurde es schwer beschädigt, weil Revolutionäre den angeblichen „kapitalistischen Prunk" zertrümmern wollten, und 1944 wurde es bis auf Teile der Fassade zerstört; nach Wiederaufbau und Neueröffnung 1947/48 konnte sich das Café nur noch bis 1957 halten.

Der Münchner Cafetier Georg Greif (1842–1933) betrieb von 1863 bis 1688 das nach ihm benannte, renommierte Café an der Ostseite des Marienplatzes. Ab 1884 führte er auch die Großbrauerei-Gaststätte „Mathäser" in der Bayerstraße und gründete die „Aktienbrauerei zum Bayerischen Löwen", die 1907 mit der „Löwenbräu AG" vereinigt wurde. Bis 1930 war er Aktionär und im Aufsichtsrat der Aktienbrauerei tätig.

Der Salzburger Gustl Annast (*1882 Salzburg, † 1965 München) kam 1908 nach seinem Ingenieur-Studium nach München, gründete und leitete hier von 1910 bis 1913 das „Brettl im Serenissimus", wo er neben Joachim von Delbrück, Freiin von Broich, Lona Nansen, Karl Stöhr, Karl Valentin und Liesl Karlstadt auch selbst auftrat. 1913/1914 gestaltete er die „Savoyabende" im „Café Wittelsbach", die neben dem „Cabaret Nachtlicht" und dem „Cabaret Benz" die berühmtesten Varietés waren, die im München der Vorkriegsjahre zu erleben waren. Als Soldat im 1. Weltkrieg kam Annast 1919 aus italienischer Gefangenschaft zurück. Er engagierte sich zusammen mit seiner Frau Anna, die 1920 das „Hofgartencafé" erwarb, erfolgreich als Cafébetreiber (s. S. 105) und wurde Conférencier am Münchner Künstler-Ring. Bis 1926 stand er selbst auf der Bühne, danach widmete er sich vorwiegend administrativen Aufgaben, u. a. kaufte er 1936 das „Odeonkasino" (im Krieg zerstört, 1950 wiedereröffnet) und war Alters- und Ehrenpräsident des Münchner Theater-Direktoren-Verbandes. 1928 wurde er als Prinz Gustl I. von Hofarkadien zum 1. Faschingsprinz der Münchner Narhalla-Gesellschaft gewählt.

Der Konditor Paul Buchner (1928–2013) und seine Frau Marika führten das nach dem 2. Weltkrieg bedeutungslos gewordene einstige Palastcafé „Luitpold" ab 1960 zu neuem wirtschaftlichen Erfolg (s. S. 137f.) und begründeten die heute weltweit bekannte Confiserie. Über ein halbes Jahrhundert sammelte Buchner Erinnerungen, Archivalien, Bild- und Tondokumente zur Geschichte der Münchner Cafés. Dieses wertvolle Hausarchiv bewahrt heute viele wichtige Dokumente zur Entwicklung der städtischen Caféhausszene vor der Zerstörung und dient als Grundstock für ein kleines Museum, die „Sammlung Café Luitpold", die vor 15 Jahren im Luitpoldblock eröffnet wurde und immer wieder ambitionierte Ausstellungen zum Themenbereich „Café" veranstaltet.

Münchner Ausflugscafés

Vor den Toren der Stadt spielte sich am Sonntag das gesellige Leben ab. Hier gab es schattige Parks für Spaziergänge, Arkaden zum Flanieren, Sportanlagen, Karussells, Kegelbahnen, Tanzböden und Einkehrlokale. Vergnügungsstätten dieser Art befanden sich im Englischen Garten (s. S. 37f.), auf den Isarinseln und in Nymphenburg. Friedrich Morins „Neuester Wegweiser durch München" bemerkte 1857 ausdrücklich, dass „diese vor der Stadt, doch nahe gelegenen Kaffeehäuser ... besonders auch von Damen ... sehr besucht" werden.

Das Café-Restaurant „Controlor" (Südliches Schloßrondell 1) ging auf Kurfürst Karl Albrecht zurück, der zwischen Nymphenburg und Neuhausen eine kleine Stadt plante. Zu den ersten Gebäuden, die im Halbkreis um den Ehrenhof des Schlosses geplant waren, gehörte ein Wirtshaus. Hofarchitekt Josef Effner legte die Planungen dazu vor; 1728 wurde der Grundstein gelegt. Zwei Jahre später erhielt der Hofcontrolor Franz Christoph Hieber dafür die Taferngerechtigkeit. Obwohl die geplante „Karlstadt" nie realisiert werden konnte, erfreute sich das spätere Café bei den Münchner Ausflüglern großer Beliebtheit. Hugo Oertel eröffnete 1890 nebenan an der Südlichen Auffahrtsallee den Volksgarten Nymphenburg mit dem damals größten Vergnügungspark Deutschlands. Er wurde bald zu einer Hauptattraktion Münchens mit oberbayerischer Almhütte, Hippodrom, Aussichtsturm, Seilbahn, Jahrmarkt und vielem mehr. 1917 kauften die Barmherzigen Brüder das Café „Controlor" und richteten darin ein Invalidenheim ein.

1810 entstand in München auf der unteren Isarinsel bei der Maximiliansbrücke der Prater nach dem Vorbild des bekannten Wiener Vergnügungsparks. Im Biedermeier genossen die Bürger hier musikalische Unterhaltungen, das Spiel auf den Kegelbahnen, ein Kasperltheater, die Fahrt auf dem Ringelspiel und andere Attraktionen. Das dort betriebene Ausflugslokal wurde 1867 geschlossen. 20 Jahre später hat man die Mariannenbrücke als Zugang auf die „Feuerwerksinsel", die damals einem Pyrotechniker als Testgelände diente, erbaut. Die Brücke wurde nach Herzogin Maria Anna (1722–1790) benannt. Sie hatte einst durch ihren patriotischen Einsatz verhinderte, dass Kurfürst Karl Theodor seine bairischen Erblande an Österreich abtrat, wodurch München seinen Status als Residenzstadt behalten durfte. Anlässlich der Internationalen Kunstgewerbeausstellung in München ließ Stadtbaurat Friedrich Löwel 1888 nach eigenen Plänen auf der Insel das „Weinrestaurant und Wiener Café Isarlust“ errichten. Es entstand ein Schlösschen im Neorokokostil, das mit seinem hohen Mittelbau fast an einen Theaterbau erinnerte und dessen mächtige Kuppel und reiche Dachlandschaft sich harmonisch zwischen die hohen Bäume einfügte. Die prunkvolle Ausstattung orientierte sich an den Schlössern Ludwigs II. Nach der Ausstellung entwickelte sich die „Isarlust“ zur gehobenen Restauration für die feine Gesellschaft, in der auch Künstlerfeste stattfanden. Im Sommer konnten sich die Gäste auf den vorgelagerten Terrassen, die mit Springbrunnen und Kolonnaden geschmückt waren, bewirten lassen. 1908 kam das Gebäude in den Besitz des Deutschen und Österreichischen Alpenvereins; seit 1952 ist es Sitz der Geschäftsstelle des Deutschen Alpenvereins, der darin das Alpine Museum einrichtete. Zu ihm gehört seit 2012 auch das neue „Café Isarlust“ (Praterinsel 5).

Am Ostrand des Englischen Gartens entstanden im 19. Jh. Ausflugsgaststätten: der „Paradiesgarten“, das „Himmelreich“ (beide um 1900 durch Mietshäuser ersetzt) und das „Tivoli“. Bei Letzterer handelte es sich um ein klassizistisches Sommerhaus, das sich der Hoflieferant Raphael Kaula von Stadtbaumeister Joseph Höchl südlich der 1806 errichteten Neumühle am Ostrand des Englischen Gartens hatte errichten lassen. Nach dem Tod Kaulas legte der Schwabinger Wirt Georg Ferstl hier einen Vergnügungspark an mit Kaffeepavillon, Kinderkarussell, Schwimmbad und Schlittschuhbahn im Winter. 1839 erwarb die Ludwigs-Walzmühl-Gesellschaft das Gelände und erbaute die „Tivoli-Mühle“. Das verpachtete Lokal erfreute sich weiterhin großer Beliebtheit und bestand bis zur Inflation 1923 (1924 abgerissen).

Zusätzliche Freizeitcafés im Englischen Garten waren das „Dianabad“ mit Wintergarten und das „Café Frisch“ (vormals „Hellmuth“, 1857 genannt, und davor „Reibel“; Königinstr. 12). Laut Auers Stadtführer von 1868 wurde letzteres Café „besonders

Herstellung und Verkauf des Röstkaffees

Bis in die 1860er-Jahre war es üblich, den Rohkaffee in Röstpfannen, die man auf und in den Kohleherd stellen konnte, daheim selbst zu rösten. Danach kamen Röstmaschinen für den Einzelhandel auf den Markt, die eine konstantere Temperatur und damit eine höhere Qualität der Röstung ermöglichten als die primitiveren Haushaltsgeräte. Führend in diesem Bereich wurde das 1868 in Emmerich gegründete Probatwerk. Typisch für die Ausstattung der damaligen Kaffeegeschäfte waren die großen weißen Handelswaagen, Kaffeeschütten und fantasievoll bedruckten Vorratsdosen in allen Größen. Im Hintergrund stand der Kleinröster, z. B. gab es in den 1930ern das Modell LE 3 der Firma Probat. Es handelte sich um einen Trommelröster, der elektrisch beheizt wurde – es gab auch mit Gas betriebene – und eine Kapazität von 3 kg Rohkaffee hatte. Diese Menge reichte völlig aus, da der Röstkaffee damals noch in Paketen von 1/8 Pfund (62,5 g) an die Kunden verkauft wurden. Die rohen Bohnen wurden durch einen Trichter eingefüllt, in der sich drehenden Trommel gemischt und durch Heißluft und den Kontakt mit der erhitzten Trommelwand bei 200 bis 225 Grad bis zu 25 Minuten lang geröstet. Dabei wurde ein Großteil der unverträglichen Chlorogensäure in den Bohnen abgebaut, und die geschmackliche Vielfalt des Kaffees konnte sich entfalten. Der Röstgrad wurde durch ein Schauglas und einen Probenzieher an der Trommel kontrolliert. Nach Beendigung der Röstung entleerte man die Bohnen zur Abkühlung in den offenen Behälter mit dem Rührwerk.

---

im Sommer nachmittags von Familien besucht, mit großem Garten und akustisch gebautem Orchesterpavillon." An Sonn- und Feiertagen traf sich hier „die feinste Gesellschaft bei Gungl's Concerten". Je nach Kundenschicht warben die Lokale mit einem besonderen Wein- oder Bierangebot, z. B. schenkte das „Café Neptun" (Steinsdorfstr. 21) sogar Fassbier aus. August Hermann, der frühere Pächter des „Café Paul", übernahm es 1892 und warb zur Eröffnung mit folgender Zeitungsanzeige: „Café von 6 Uhr früh, Löwenbräubier vom Faß, 6 Billards,

Café-Restaurant „Isarlust" auf der Praterinsel. – Kolorierte Postkarte, 1897

70 in- und ausländische Zeitungen ...Über dem Restaurationssaal befindet sich ein sog. Bierstübl." 1897 kam das Lokal in den Besitz von August Götze; seit 1906 gehörte es zur Spatenbrauerei, wurde 1944 schwer beschädigt und 1960 neu eröffnet.

Es kamen auch Cafés im Wiener Stil auf, die ihren Gästen zusätzlich eine Weinkarte offerierten, wie das erwähnte „Café Isarlust" oder das „Café Finsterwalder" im Methgarten (Schwanthaler. 25). Dieser Garten vor dem Isartor besaß mehrere Vergnügungseinrichtungen, z. B. ein Biedermeier-Karussell und seit 1818 einen Metausschank. Er war für die Kleinbürger und Hausangestellten ein beliebtes Ziel an Sonn- und Feiertagsnachmittagen. Klara, die Enkelin des Wachsziehers und Lebzelters Paul Ebenböck, der den Garten 1818 begründet hatte, und ihr Mann, der Konditor Johann Baptist Finsterwalder, erweiterten den 1874 erneuerten Methgarten um ein Konditorei-Café im Wiener Stil. Zahlreiche Künstler, die in der Nachbarschaft wohnten, wie Moritz von Schwind, Ludwig von Schwanthaler und Albrecht Adam, kehrten hier ein. Das Caféhaus wurde im Krieg zerstört, danach wieder aufgebaut und 1959 neu eröffnet.

„… ein Raum, wie ihn kein anderes öffentliches Etablissement besitzt“ – Die Palastcafés der Prinzregentenzeit

Gastronomie in großen Dimensionen

Während der Prinzregentenzeit entstanden im Zentrum von München imposante, oft von namhaften Architekten entworfene gastronomische Betriebe, die auf Massenkonsum ausgelegt waren. Neben dem weltweit bekanntesten Beispiel, dem Hofbräuhaus mit seiner berühmten „Schwemme“ am Platzl im Tal, ließen auch eine Reihe weiterer innerstädtischer Braubetriebe repräsentative Bauten für sich errichten. Hinter historisierenden Fassaden erwarteten die Besucher darin hohe, gewölbte Speisesäle mit gediegener Möblierung, die Wände und Decken reich mit Stuck und Malereien verziert. Der Bilderschmuck war zumeist dem Kult des Bieres und der Münchner Lebensfreude gewidmet. Die Betreiber lockten mit relativ preiswertem Essen und spekulierten dabei auf einen großen Bierumsatz. Neben diesen „Bierpalästen“ entstanden groß dimensionierte Restaurants. 1889 wurde in Anwesenheit des Prinzregenten das „Grand Restaurant Platzl“ (Münzstr. 8) eröffnet, das 600 Gästen Platz bot und zur Unterhaltung regelmäßig eine „Wiener Revue“ mit Jodlern, Schuhplattlern und Sängerchor, ein „hochamüsantes und decentes Familienprogramm, bei 50 Pfennigen Entrée“ veranstaltete. Anton Schwarzmeyer kaufte 1898 das Anwesen Kaufinger Str. 15, ließ an dessen Stelle einen Neubau errichten und eröffnete darin zwei Jahre später im Erdgeschoss das Café-Restaurant „Domhof“. Es zeichnete sich durch eine kunstvolle Innendekoration im Neorenaissance- und Jugendstil mit bunten Glasmalereien an der Straßenfront aus (1944 zerstört).

Der zunehmende Fremdenverkehr in der bayerischen Hauptstadt machte die Anlage großer Hotelkomplexe sinnvoll und rentabel. Ein vornehmes Café war dabei oft Bestandteil der

Planungen. Johann Baptist Gassner, Besitzer eines Wachsfigurenkabinetts am Färbergraben, erwarb 1884 ein Gebäude an der Ecke Bayer- und Goethestraße, ließ es im Neurokokostil zu einem großen Hotel umbauen und eröffnete darin das „Café Aquarium" (ab 1920 von den Isaria Werken als Verwaltungsgebäude genutzt). Der „Augsburger Hof" (Schützenstr. 12) erhielt bei seinem Umbau 1890, seit dem er sich „Hotel Kaiserhof" nannte, ebenfalls ein Café-Restaurant im Erdgeschoss (im 2. Weltkrieg zerstört). Anstelle des einstigen Torbräu (Tal 37) entstand 1899/1900 ein Hotel mit Café-Restaurant im Stil der Neorenaissance, das nach dem 1. Weltkrieg ausgebaut wurde und 1951 neu eröffnete; 1969 wurden die bekannten „Torbräustuben" fertiggestellt. In der Schützenstraße erbaute man bis zum Sommer 1913 an Stelle der alten Wetschhäuser das repräsentative „Hotel Excelsior" mit 151 Zimmern, das im Erdgeschoss über ein 400 m^2 großes Café-Restaurant verfügte. Das ebenfalls erstklassige „Edenhotel Wolff" mit Cafébetrieb entstand 1922 in dem Gebäude des alten Hotels „National-Simmen" (Arnulfstr. 4).

Im Zuge dieser Entwicklung wurden in München auch eine Anzahl besonders exklusiver Caféhäuser geplant. Sie alle verfügten über große Säle, die malerisch und plastisch verschwenderisch dekoriert, mit üppigem Pflanzenschmuck und Brunnen ausstaffiert und mit eleganter Bestuhlung möbliert waren. Verspiegelungen, die im 18. Jh. noch als Elemente der höfischen Repräsentationsarchitektur galten, bereicherten nun diese städtischen Cafés und verliehen ihnen den Charakter eleganter Palais. Sie bewirkten eine attraktive Vergrößerungsillusion, dienten dem Überblick des kommenden und gehenden Publikums und erleichterten Blickkontakte. Durch Spiegel konnte jeder jeden sehen, ohne dass dies vordergründig bemerkt werden musste. Das Café wandelte sich so zum Ort der bürgerlichen Repräsentation und gepflegten Kommunikation. Zumeist hatten diese prunkvollen Lokale zugleich die Funktion von Restaurants. Die Kunden – Studenten, Künstler, Damen und Herren des mittleren und gehobenen Bürgertums und betuchte Pensionisten – erwartete eine große Auswahl an feinem Gebäck, ausgesuchten Speisen und vielerlei Getränke. Sie verbrachten hier ihre Nachmittage und Abende bei der Lektüre der in- und ausländischen Journale, beim Karten- und Billardspiel. Den Auftakt zu dieser Entwicklung stellte in München die Eröffnung des „Café Luitpold“ in der Brienner Straße dar.

Das „Café-Restaurant Luitpold“ – Exklusive Treffpunkte der Geselligkeit

1885 erwarb der Kaufmann und Unternehmer Heinrich Theodor Hoech (1845–1905) die 1812 errichteten Knorrhäuser an der Brienner Straße, dem einstigen Fürstenweg, der von der Residenz nach Schloss Nymphenburg führte. Er ließ den Häuserblock von dem Architekten Otto Lasne (1854–?) im Stil der Neorenaissance um- und ausbauen. Der Komplex wurde um ein Stockwerk erhöht sowie Eckpavillons mit Aufbauten und allegorische Figurengruppen hinzugefügt. Als Vorbilder dienten die Caféhäuser der Donaumonarchie von weltstädtischem Flair, wie das 1847 eröffnete „Café Griensteidl“ oder das 1876 eröffnete „Café Central“ in Wien. Prinzregent Luitpold gab dem Lokal seine „allerhöchste Genehmigung“, seinen Namen zu tragen. Er blieb dem Lokal auch zeitlebens eng verbunden und feierte hier 1911 seinen 90. Geburtstag. Für die Säle und Hallen in den Stilformen der Renaissance, des Barock und Rokoko und die Ausstattung mit Fresken, Skulpturen, Stuckreliefs und Spiegeln wurde größter Aufwand betrieben. Nach der Fertigstellung und Eröffnung am 1. Januar 1888 wurde es als sensationelles Großereignis bejubelt. Die Presse bezeichnete den Bau als „Palastcafé“, als ein Caféhaus der Superlative. Er bestand aus über 20 luxuriösen Gesellschaftsräumen. Das Vestibül war holzvertäfelt und mit Reliefs geschmückt, der Kuppelbau war mit Allegorien und mythologischen Darstellungen dekoriert. Durch einen Säulengang erreichte man den Hauptsaal, eine 9 m hohe dreischiffiger Halle, deren Decke von zahlreichen Marmorsäulen und Pilastern getragen wurde und von den besten Malern und Bildhauern der Stadt mit prächtigen Gemälden und plastischem Schmuck verziert worden war. Er bot Platz für 1.200 Gäste. Die Rokokoräume und der Schlachtensaal waren mit Skulpturen, Brunnen, Spiegeln und zahlreichen Bildern bestückt. Über den

Jubiläumskarte des „Café Luitpold" anlässlich des 90. Geburtstags von Prinzregent Luitpold, 1911

Großen Kramer-Saal, den der Bildhauer Joseph von Kramer ausgestaltete, schrieb der Chronist: „... hier tritt eine Pracht zu Tage, wie wir sie nur wieder in den Gemächern des von König Ludwig II. von Bayern erbauten Schlosses Herren-Chiemsee antreffen ..." Ein angenehm kühler Palmengarten mit Gesellschaftslogen, ein Tanzsaal, in dem die Büste des Prinzregenten aufgestellt war, und ein Billardsaal – der größte im damaligen Deutschland – mit 15 Tischen aus der Fabrik Dorfelder in Mainz gehörten ebenfalls zum „Luitpold". In der Eröffnungsanzeige, die am 30. Dezember 1887 in den Münchner Zeitungen erschien, pries der erste Pächter Simon Bäumler die Vorzüge des Lokals wie folgt: „Exquisite Küche, gute Weine, Biere aus den renommiertesten Brauereien. Größte Auswahl in- und ausländischer Journale, aufmerksamste Bedienung. Sämmtliche Räume werden electrisch beleuchtet."

Bald zählte das „Luitpold" zu den großen Attraktionen der Stadt. In einem um 1890 erschienenen Leporello „Album von München" mit 25 Ansichten berühmter Bauten war auch das Café vertreten. Baedeker und andere zeitgenössische Fremdenführer räumten seiner Beschreibung viel Platz ein. Die Gazetten ließen den „Feenpalast" hochleben und stellten ihn in eine Reihe mit dem „Café de la Paix" in Paris und dem Wiener „Sacher". In ihrer Ausgabe vom 1. September 1888 widmete die „Illustrierte Zeitung", das damals führende Gesellschaftsmagazin Deutschlands, dem Café einen Beitrag von eineinhalb Seiten. Das „Raumwunder" wurde eingehend behandelt und dabei der Hauptsaal besonders gewürdigt: „... im Verein mit einer Anzahl hervorragender Maler und Bildhauer wurde ein Raum geschaffen, wie ihn kein anderes öffentliches Etablissement besitzt ... die Kunststadt München ist durch dieses Etablissement um eine Sehenswürdigkeit reicher geworden."

„Käseberg's Führer durch Süddeutschland" berichtete darüber ein Jahr später: „Dieses gewaltige, circa 2000 Personen fassende Etablissement, ganz neu erbaut, dürfte auf dem Continent als Unicum dastehen und zwar nicht bloß seiner räumlichen Ausdehnung, sondern auch hauptsächlich seiner künstlerischen Ausschmückung halber, die alles bisher Dagewesene in den Schatten stellt." Laut Werbung aus dem Jahr 1905 handelte es sich um „das vornehmste Etablissement Deutschlands“. Schnell entwickelte es sich zum beliebten Treffpunkt von Münchens crème de la crème. Neben Angehörigen des Herrscherhauses und des Adels besuchten es viele bekannte Persönlichkeiten aus dem Kulturleben, wie z. B. die Literaten Stefan George, Frank Wedekind, Rainer Maria Rilke, Ludwig Thoma und viele andere mehr. Wie in den meisten Münchner Lokalen entstanden schon bald zahlreiche Stammtische, an denen sich wohlhabende Bürger, Autoren, Künstler und Studenten trafen. An der Wende zum 20. Jh. war es das Lieblingslokal der Zeichner des politischen Satiremagazins „Simplicissimus“. Im Luitpoldblock hatte auch die Kunsthandlung Goltz ihren Sitz, die mit der 1911 gegründeten Künstlervereinigung „Blauer Reiter“ eng verbunden war und in der Wassily Kandinsky seine erste Kollektiv-Ausstellung organisierte.

Einige der Schriftsteller unter den Gästen sorgten in ihren Werken für eine bleibende Erinnerung an dieses Haus. „Als junger Mann“, schrieb Hans Carossa (1878–1956), „schritt ich verhaltenen Schrittes durch diese heiligen Hallen, um die Göttinnen, die von den Gewölben lächelten, nicht zu stören.“ Er nannte es „das Café-Schloss“ und schwärmte in seinem Roman „Das Jahr der schönen Täuschungen“ ausführlich davon. „Bald umfing mich der Kaffeepalast mit seinen Prachträumen, darin sich die Schritte von selbst verlangsamten. Alles war hier danach angetan, dem Neuling vorzuspiegeln, er habe ein Heiligtum betreten. In gläsernen Lilien glühten Fäden elektrischen Lichts; das leuchtete weiter in schwarzen Marmorsäulen. Den bildergeschmückten Decken und Wänden galten die nächsten Blicke, da stand in goldumrahmtem Schneefeld splitternackt ein geflügeltes Kind, von Raben umkrächzt, das Gesichtchen zum Weinen verzogen; anderswo ruhten zwei Liebende auf Wolken; eine Hand hob über sie den grünen Kranz des Ruhms, als hätten sie durch ihr Glück den größten Sieg errungen.“ Ausgiebig beschrieb er weitere stimmungsvolle Gemälde, widmete sich dann aber den Bedienungen, die ihn entzückten. Er huldigte ihnen als den „wahren Walterinnen des Hauses; ihr leichter Gang, die Sicherheit, mit der sie aus hohen silbernen Kannen erwünschte Getränke in Porzellanschalen gossen, dies alles atmete den

Das „Café Luitpold" mit Münchner Kindl. – Postkarte, 1900

Geist vornehmer Gastlichkeit, einzig würdig der glanzvollen Stätte, die den Namen des Regenten trug. Als ich nach dem Preis von Kaffee und Hörnchen fragte, fand ich ihn sehr gering und konnte nicht mehr glauben, daß dieser wunderbare Betrieb auf seine Besucher angewiesen sei, bildete mir vielmehr ein, er nehme nur der Form wegen eine kleine Bezahlung an. Leider gab es Gäste, die nicht fühlten, wo sie sich befanden. Mit den armseligen Münzen, womit sie den königlichen Aufenthalt vergüteten zu können meinten, stießen sie hart auf den schimmernden Marmor der Tischplatten und gaben dadurch jenen göttlichen Mädchen zu erkennen, wie sehr sie es eilig hatten, wieder in die unfestliche Welt hinauszukommen. So störten sie die feierliche Stimmung des blau durchrauchten, wie von Gebeten durchsummten Raumes, und wenn jene taktvoll den scharfen Ton überhörten, wagten sie sogar, ihnen gebieterisch böse Worte zuzuschreien. Aber dergleichen Ungehörigkeiten achtete man hier nicht einmal eines Tadels wert; ja die Trägerinnen der silbernen Kannen, für Beleidigungen unnahbar, übertrieben ihren Großmut, indem sie den Toren auch noch beim Ankleiden in ihre Mäntel hineinhalfen und ihnen nachriefen: Auf Wiedersehen."

Schon der Berliner Kritiker Friedrich Nicolai äußerte sich 1781 in seinen Reisenotizen begeistert über die Münchner Kellnerinnen: „Das weibliche Geschlecht in München ist schön ... Es scheint die Wirthe studiren darauf, schöne Kellnerinnen zu haben. Diese gehen zierlich in Miedern mit silbernen Ketten, sehen gegen andere Länder ziemlich modest (= anständig/züchtig) aus, sind aber dabey sehr gesprächig gegen die Fremden ..." Eine „Naturgeschichte der Münchner Kellnerinnen" lieferte August Lewald 1835 in seinem „Panorama von München": „... diese sinnlichen, ehrlichen, gutmüthigen, heitern, freien, ungenirten, liebevollen, ergebenen Wesen! ... die Kellnerinnen in München besitzen Bildung und Menschenkenntniß. Für das erste zeugt, daß sie Saphir's Schriften und die Landbotin lesen, für das zweite, die Art und Weise, wie sie mit den Gästen umgehen ... welche Aufmerksamkeit ohne Gränzen, welche Bedienung, welche Höflichkeit, welche holdselige Redensarten! (Sie) sind ein schöner Menschenschlag von 16 bis 50 Jahren. Älter werden sie nur selten angetroffen. Junge Jahrgänge werden besonders geliebt. In ihrer Kleidung lieben sie die hellen Farben, sie ist nach der üblichen Mode zugeschnitten, das Riegelhäubchen darf nicht fehlen. Aus alten Kellnerinnen werden oft Caffewirthinnen, oder Haushälterinnen bei Hagestolzen (= Junggesellen) gemacht. Im erstern Falle bewahren sie ihre frühere Liebenswürdigkeit; im Letztern sollen sie ihren Character verändern."

Im „Luitpold" genossen die Kaffeeköchinnen großes Ansehen und standen in der Personalhierarchie weit oben. Die Stelle musste oft neu besetzt werden, da die Frauen besonders bei Gastronomen begehrt waren und viele Heiratsanträge erhielten. Die erste Frau in dieser Position, Maria Eichlberger, war bereits verehelicht, und ihr Mann gehörte wohl nicht ohne Grund zu den Stammgästen im Lokal. Die Kellnerinnen und Wasserträgerinnen des Cafés waren für ihre Schönheit und Freundlichkeit berühmt. Die Stellen waren gefragt, da sie reichlich Trinkgeld einbrachten. So manche Schriftsteller gestanden, oft nur wegen des charmanten weiblichen Personals das „Luitpold" zu besuchen. Man erzählte sich auch, dass einige der Kellnerinnen

Literaten und arme Studenten jahrelang heimlich durchfütterten. Die Bedienungen sollen sich rege an Kunst- und Literaturdiskussionen beteiligt haben; einige von ihnen gelangten durch Heirat in hohe gesellschaftliche Kreise. Künstler des „Simplicissimus" sorgten dafür, dass die jungen Frauen mehrfach in der Zeitschrift abgebildet wurden. Auch der Zeichner Wilhelm Morgenstern (alias Willi Rudinoff; 1866–1931), ein Freund Wedekinds, skizzierte bei einem Aufenthalt im Café 1888 eines der Wassermädchen und widmete ihr ein Gedicht unter dem Titel „Die Schöne von hinten (frei nach Goethe)". Darin heißt es „… Das was uns alle hochentzückt / Und was dem Weibe gibt die Würze / Das hat sie, es ist zu verrückt / Bedeckt mit einer weißen Schürze. / Und heute welche schwere Pein / Zeigt mir die Arge ihren Rücken. / Jedoch auch da, so wie von vorn / Muß Anna jeden Mann beglücken." Die Servicekräfte trugen schwarze Kleider mit weißen, abnehmbaren Kragen und Manschetten und weiße Schürzen. Den Kopf zierte ein gestreiftes Häubchen mit Bogen oder Spitzen.

Dass nicht alle Zeitgenossen von diesem gigantischen Bau und der zunehmenden Kommerzialisierung kultureller Güter begeistert waren, klingt bei Ludwig Thoma an. In seinem Roman „Münchnerinnen", der sich um eine unglückliche Liebe dreht, gibt er interessante Einblicke in das Leben der bayerischen Metropole um 1900 und verarbeitete Autobiografisches: „Was baut man denn jetzt? Kaffeetempel, Bierpaläste …", lässt er eine seiner Figuren, einen Major, sinnieren, nachdem dieser die Bauaktivitäten unter Ludwig I. lobend resümierte, da sie „unserm München den bestimmten Charakter geben sollen: Kunststadt. Aber wirkliche, net Plakatschwindel für Fremdenindustrie …"

Im „Luitpold" fand eine Reihe bedeutsamer Begegnungen und Ereignisse statt, z. B. trafen hier Karl Wolfskehl und Stefan George, die nachfolgend eine tiefe Freundschaft entwickelten, zum ersten Mal zusammen. Ein Gespräch, das Ludwig Ganghofer mit dem Schauspieler Hans Neuert im „Luitpold" führte, soll den Autor auf die Idee zu seinem Heimatroman „Der Herrgottschnitzer von Ammergau" gebracht haben, mit dem er erste Erfolge feierte. Viele neue Errungenschaften und kulinarische

Die neue Sportdisziplin „Zimmer-Lawn-Tennis" (Ping-Pong) im „Café Luitpold". – Illustration in der Leipziger Zeitung, 1901

Genüsse konnten die Münchner hier ausprobieren. Neben dem seinerzeit größten Billardraum gab es hier die neue Sportdisziplin „Ping-Pong", auch „Zimmer-Lawn-Tennis" genannt, die ebenfalls auf großen Tischen gespielt wurde. Im französischen Weinlokal tischte man die besten Rebsorten, Champagner, Liköre und Schnäpse, daneben auch exotische Speisen wie Hummer und Krebse auf. Eine wichtige Veranstaltung der Emanzipationsbewegung ereignete sich kurz vor der Jahrhundertwende ebenfalls im „ Luitpold": Vom 18. bis 21. Oktober 1899 hielt die „Gesellschaft zur Förderung der geistigen Interessen der Frau" hier den ersten bayerischen Frauentag ab. Die „Münchner Neuesten Nachrichten" berichteten: „Zu der in den Prinzensälen stattgehabten Sitzung hatte sich ein so zahlreiches Publikum eingefunden, dass eine große Zahl, die an der Sitzung teilzunehmen wünschte, keinen Eintritt finden konnte." In Vorträgen und Diskussionen befassten sich die Teilnehmerinnen u. a. mit einer Reform des Kostkinderwesens, der Arbeitssituation von Dienstboten und Kellnerinnen und Fragen der Mädchenbildung. Mit dem Theaterstück „Zwölf Culturbilder aus dem Leben der Frau“, das zur Aufführung kam, stellte man klar, dass die gesellschaftliche Situation der Frauen ein Ergebnis historischer Entwicklungen und nicht biologisch bedingt ist. Bei dieser Gelegenheit kam es auch zur Gründung des „Vereins Münchner Kellnerinnen“, der innerhalb von zwei Wochen bereits 700 Mitglieder zählte. Diese Aktivitäten standen am Anfang des Kampfs um die Gleichberechtigung der Frauen in Bayern.

Die Arbeitsbedingungen des weiblichen Servicepersonals

In den Münchner Gaststätten und Cafés waren bis ins 20. Jh. fast ausschließlich Frauen als Bedienungen beschäftigt. Bis 1896 standen sie im Dienstbotenverhältnis, erst danach wurden sie als Gewerbegehilfin angesehen. Die Arbeitszeit betrug noch um 1900 mindestens 15 Stunden täglich, oft sogar mehr, auch an Sonn- und Feiertagen. In der Regel gewährten die Wirte und Cafétiers einmal in der Woche am Nachmittag für höchstens drei Stunden „Ausgang“. Urlaubstage wurden oft nicht bewilligt. Der monatliche Lohn lag zwischen 4,50 und 15 Mark. Dazu kamen manchmal Naturaleinnahmen in Form von Wohnung und Kost. Von ihrem Verdienst musste die Bedienung oft noch ihre Gehilfin, das sogenannte Wassermädchen, oder die aufgelegten Zeitschriften teilweise oder ganz bezahlen. Lohnabzüge für Zuspätkommen, Unachtsamkeiten, Beschädigungen des Geschirrs etc. lagen ganz im Ermessen der Wirte. In den Prunkcafés wurde meist wenig oder gar kein Lohn gezahlt und auf die Einnahme des Trinkgeldes verwiesen, das jedoch höchst unterschiedlich ausfiel. Laut Aussage der Kellnerinnen schwankte es zwischen 60 Pfennig und 7 Mark pro Tag. Es gab keine verbindlichen Arbeitsverträge, Kündigungsfristen oder Arbeitsordnungen. Insgesamt waren die Bedienungen damals weit schlechter gestellt als die Industriearbeiterinnen, deren Monatsverdienst um 1905 bei ca. 25 Mark lag. Sie hatten viel Arbeit und wenig Lohn, waren auf Trinkgelder angewiesen und standen vielfach unter dem Zwang, als Gegenleistung dafür gewisse „Gefälligkeiten“ zu leisten.

Innenansicht des „Café Prinzregent". – Fotografie, 1895

Ein weiteres erstklassiges Lokal der vornehmen Münchner Gesellschaft war das „Café Prinzregent" (Prinzregentenstr. 4). Es wurde 1893 in Anwesenheit des gesamten Hofes eröffnet. Seine Inneneinrichtung stellte zum Großteil eine Kopie des Spiegelsaals von Schloss Herrenchiemsee dar. Der Theatermaler Prof. Ferdinand Wagner, der wenige Jahre zuvor schon im „Café Luitpold" einen umfangreichen Bilderzyklus geschaffen hatte, lieferte dazu Gemälde mit Szenen aus der griechischen Mythologie. Nachmittags und abends erwarteten die Gäste Konzerte. Das Haus war sehr gut besucht, auch zahlreiche Burschenschaften hatten hier ihren Treffpunkt. Unter dem letzten Pächter Schneider musste das Café 1921 schließen, nicht ohne zuvor noch eine große Abschiedsfeier mit Tanz zu veranstalten. Seine Räume wurden für eine Bank umgebaut.

Den großen Vorbildern „Luitpold" und „Prinzregent" folgte eine Flut von Nachahmungen, die sich im Ausstattungsniveau, im technischen Standard und der Dienstleistung an diesen hohen Vorgaben orientierten. Neben Neugründungen wurden auch viele ältere Caféhäuser dem nun vorherrschenden Geschmack entsprechend renoviert. Ein Nachzügler in der Sparte „Palastcafé“ war das „Grand Café Fürstenhof“ (Neuhauserstr. 33, früher 21). Es wurde anstelle der beiden „Stulbergerhäuser“, die Otto Seeländer 1911 in seinen Besitz gebracht hatte, nach Planungen von Karl Stöhr neu errichtet. Am 16. März 1912 erfolgte in Anwesenheit von Prinz Ludwig und seiner Familie die Eröffnung des vornehmen Lokals. Es umfasste kostspielig ausgestattete Spiel-, Turnier- und Tanzsäle, einen Teesalon, eine Kegelbahn und ein großes Billardzimmer mit 20 Tischen. Die Räume schmückten elfenbeinfarbene Stuckdecken, dekoriert mit Figurenreliefs, die von Säulen aus grünem griechischen Marmor gestützt wurden. Nach dem 1. Weltkrieg, als das Billardspiel weitgehend aus der Mode gekommen war, richtete man stattdessen einen Kaffeesalon ein; im einstigen blauen Tanzsaal lagen später rund 200 in- und ausländische Zeitungen und Journale für die Leser auf. 1950 eröffnete Seeländer das Café nach einer langwierigen Renovierung erneut, musste es jedoch bereits ein Jahr später für immer schließen.

Münchner Caféhausliteraten

Eine Reihe von Literaten – d. h. Schriftsteller, die sich gleichzeitig intellektuell mit Literatur auseinandersetzen –, die in der Landeshauptstadt verkehrten, nutzten die verschiedenen Caféhäuser nicht nur als Orte des Gedankenaustausches, sondern auch als Schreibwerkstatt. Sie dienten den Autoren als Anregung für ihre Notizen und Texte. Hier konnte man Menschen beobachten, Sozialstudien betreiben und sich untereinander austauschen.

1856 wurde im Caféhaus „Zur Stadt München“ (Kaufingerstr. 8, vormals „Scheidel“) der Dichterkreis „Gesellschaft der Krokodile“ gegründet. Mitglieder waren u. a. der populäre Lyriker Emanuel Geibel (1815–1884), der Historiker und Juristik-Professor Felix Dahn (1834–1912) sowie der Dramatiker Paul Heyse (1830–1914). Sie trafen sich in den Cafés und nutzten das dortige Treiben zur Inspiration. Bei ihren Zusammenkünften wurden Texte gelesen und neueste Werke – aus eigener wie fremder Feder – diskutiert. Analog zu ihrem Pendant, der Berliner Dichtervereinigung „Tunnel über der Spree“, erhielten die Mitglieder Vereinsnamen („Teichnamen“); Geibel beispielsweise war das „Urkrokodil“. Mit dem Tod Maximilians II. 1864 verlor der Kreis seinen wichtigsten Förderer und war öffentlich kaum noch aktiv. In der Folge blieb er v. a. ein geselliger Zusammenschluss von Autoren, der bis 1882 bestand. Eine bis in die Gegenwart aktive, im Café des Valentin-Karlstadt-Musäums gegründete Autorengruppe sind die „Turmschreiber“ (s. S. 135).

Der Inbegriff des „Caféhausliterat“ war Erich Mühsam (1878–1934). Er verbrachte schreibend und lesend einen Großteil seiner Zeit in den Münchner Cafés der Bohème. Hier traf er auch seine Freunde, Kollegen und Auftraggeber zu privaten und geschäftlichen Besprechungen, z. B. über seine zwischen 1911 und 1914 im Selbstverlag erscheinende „Zeitschrift für Menschlichkeit“ mit dem Titel „Kain“ und seine Beiträge für die Satirezeitschriften „Jugend“ und „Simplicissimus“.

Auch Frank Wedekind (1864–1918) hatte das „Café Luitpold“ quasi zum eigenen Wohnzimmer erkoren. Es „ist mir jetzt in der Tat ein zweites Heim geworden, wie ich schon in Berlin erwartet hatte. Zwar werden einem die Knöpfe von den Hosen gestohlen, und wer einen neuen Paletot mitbringt, tut gut, sich gleich draufzusetzen. Er möchte später keine Gelegenheit mehr dazu finden. Die illustrierten Zeitungen verschwinden meistens schon den ersten Tag aus ihren Mappen: die leeren Mappen erfüllen den Leser mit einiger Beschämung vor sich selbst (...) Sodann kommt für mich Einsiedler die Menge Publikum sehr in Betracht, die unablässig die Säle durchströmt. Hin und wieder findet man einen Bekannten darunter oder glaubt ihn wenigstens zu finden“, vertraute er seinem Tagebuch am 9. September 1889 an. Wedekind soll oft noch nach der Polizeistunde um Mitternacht in einer versteckten Nische des Lokals bei Kerzenschein, damit man von der Straße kein Licht sehen konnte, weiter gezecht haben, um erst im Morgengrauen heimzugehen.

Rainer Maria Rilke kam Ende September 1896 als knapp 21-Jähriger von Prag nach München, bezog eine Wohnung in der

Brienner Str. 48 und begann ein Philosophiestudium. Auf eigene Kosten gab er eine kleine Zeitschrift heraus, die „Wegwarten", und versuchte, Kontakte zu Gleichgesinnten und Förderern aufzubauen. Zu diesem Zweck stattete er regelmäßig dem nahegelegene „Café Luitpold" einen Besuch ab: „Man setzt sich zu einem der kleinen Marmortischchen und legt einen Stoß Zeitungen neben sich und sieht gleich furchtbar beschäftigt aus. Dann kommt das Fräulein in Schwarz und gießt so im Vorübergehen die Tasse mit dem dünnen Kaffee voll, o Gott, so voll, daß man sich gar nicht traut, auch noch den Zucker hineinzuwerfen. Dabei sagt man: ‚Mittel' oder ‚Schwarz', und es wird ganz nach Wunsch und Wink: ‚mittel' oder ‚schwarz'. Zum Überfluß sagt man doch noch etwas Scherzhaftes, wenn man es gerade bei der Hand hat, und dann lächelt die Minna oder Bertha etwas müde ins Unbestimmte hinein und schwenkt die Nickelkannen in der Rechten her und hin." Später verarbeitete Rilke seine Notizen aus dem „Luitpold" und die dortigen Begegnungen u. a. in seiner Novelle „Ewald Tragy".

Vicco von Bülow, alias Loriot (1923–2011), war bei seinen Aufenthalten in München ebenfalls regelmäßig im „Luitpold" anzutreffen. „Ich glaube, ich wohne hier", schrieb er einmal in den 1960er-Jahren ins Gästebuch. Er war ein großer Freund des Kuchenbüfetts. „Oft verweile ich in entrückter Unbeweglichkeit vor den Dreierreihen Schwäbischer Apfelkuchen, Zwetschgendatschis, Othellos, Trüffel-, Sacher-, Pariser-, Mandel- und Kirschtorten, Mohnstollen, Finnischen Nusskränzen, Streusel- und Butterkuchen, und all den Spezialitäten, deren Namen allein sich schon als Meisterwerke kulinarischer Phantasie erweisen." Aber er schätzte nicht nur die angebotenen Produkte, sondern brauchte die Atmosphäre im Café, um seine Arbeitsabneigung zu überwinden, wie er einmal gestand: „Es gibt verschiedene Möglichkeiten, geregelter Arbeit zu entgehen: Man erbt, bettelt, trinkt Vermouth in öffentlichen Anlagen, hat gute Freunde, fälscht Wechsel oder heiratet überlegt. Nach eingehender Prüfung meiner Lage, unter besonderer Berücksichtigung der charakterlichen Neigungen, musste ich schon zu Beginn meiner beruflichen Tätigkeit einsehen, dass keiner dieser Wege in die engere Wahl kam … Meine verzweifelte Situation

Loriots Eintrag im Gästebuch des „Café Luitpold", 1963

immer wieder fruchtlos überdenkend, stieß ich auf die ebenso zerstreuende wie konzentrierende Wirkung von Tee und Kaffee, sofern man diese Genussmittel an der Öffentlichkeit zu sich nimmt. In München liegt an der Briennerstraße, zwischen Obelisk und Feldherrnhalle das Café ‚Luitpold' ... Keinen Augenblick käme man jedoch auf den Gedanken, hier irgendetwas Nützliches verrichten zu können. Dieser Sicherheitsabstand lockert unversehens die starre, parasitäre Abwehrhaltung und leitet auf humane Weise über zu einer zwar nicht geregelten, aber immerhin lohnenden beruflichen Tätigkeit ..."

Das Münchner Caféhausleben um die Jahrhundertwende

Der Münchner Publizist Erwin Heine schrieb einen ausführlichen Bericht über das Münchner Caféhausleben, der 1893 in dem Unterhaltungsmagazin „Über Land und Meer“ erschien und mit einem ganzseitigen Holzschnitt illustriert war. Er betonte darin gleich am Anfang, dass München nicht nur als Kunst- und Bierstadt bekannt sei, sondern sich in den letzten Jahren gleichermaßen zur „Kaffeestadt“ entwickelt habe. Laut seiner Aussage gab es mittlerweile 84 Prachtcafés und daneben unzählige kleine Lokale in allen möglichen Stilarten. In seinem Text schildert er so anschaulich das Treiben in den Münchner Cafés, dass man sich damit sehr gut in das Alltagsleben jener Zeit zurückversetzen kann: „Die meisten dieser Lokale sind im Sommer um fünf Uhr, im Winter von sechs Uhr morgens geöffnet. Da sind aber auch schon gleich Gäste vorhanden. Es sind in den besseren Kaffees hauptsächlich mit der Bahn abreisende oder Ausflüge machende Leute. In den billigeren sogenannten Zwölfpfennigkaffees sind es die schon früh an die Arbeit gerufenen Gehilfen irgend eines gewerblichen Standes oder der die öffentlichen Arbeiten verrichtenden Klasse. Von sieben bis acht Uhr kommt sodann das große Heer der ledigen Beamten und Kaufleute und so weiter, welche um acht Uhr im Bureau sein müssen. Mancher von diesen hat es augenscheinlich sehr nötig, den oft etwas verrenkten Magen mit einem stärkenden, aufweckenden Mittel in die Ordnung zu bringen.

Im Sommer werden die darauffolgenden Stunden, etwa bis zehn Uhr, von der ungeheuren Zahl von Fremden, welche München besuchen, benützt. Manch biederer Landbewohner, der sich natürlich die Sache auch einmal ansehen will, ist von dem Leben und der Pracht, welche da herrschen, so verwirrt, daß er sich nirgends hinzusetzen getraut und sich verdutzt wieder entfernt. Kaum ist dieser fort, erscheint eine andere Reisegesellschaft, natürlich mit Bädeker und Feldstecher bewaffnet … Mit unheimlich überlegenem, siegesbewußtem Auftreten mustern sie, wie es ja doch bei Städtern üblich, ‚kalten Blicks‘ die Tische. Aber schon kommt ihre Taktik ins Wanken. Ein leerer

Collage über das Münchner Caféhaus-Leben: „Café Luitpold", „Café Neptun", Café „Orient", Damencafé, Studenteneck; beim Billardspiel; „Café Probst"; ein „Zeitungsmarder"; „Café Wittelsbach" (Blick in den Billardsaal). – Holzschnitt aus: Über Land und Meer Nr. 29, 1893

Tisch ist entdeckt. Mit unfehlbarer Sicherheit rempeln sie an ein paar Gäste, das eine wirft ein Wasserglas um, dann fliegen ein paar Kaffeelöffel klirrend auf den Boden. Fräulein Nanni zieht natürlich das unterste Stück der zu einer schönen Pyramide aufgebauten Kuchen und Nudeln aus dem Körbchen, die Lawine kommt ins Rollen und auch diese machen mit dem Boden Bekanntschaft. In ihrer Verlegenheit sucht Fräulein Nanni einige beschmutzte Stücke mit dem ‚Sacktücherl' zu reinigen. Die ganze Gesellschaft ist aus der Rolle gefallen, und selbst der griesgrämigste Mensch wird da zum Lachen genötigt ...

Im Winter sind es die ‚Verschlafenen', welche diese Zeit im Kaffee zubringen; wie überhaupt im Winter, wenn die Fremden wieder fort sind, sich das eigentliche und charakteristische Münchener Kaffeehausleben abspielt: und zwar nach Tisch bis sieben Uhr abends. Da geht alles ins Kaffee, ‚Was a bißl was ist', um einen landläufigen Ausdruck zu gebrauchen. Beamte, Kaufleute, Studenten, Künstler jeder Gattung, Offiziere, Pensionisten, Geschäftsleute und auch viele Damen verbringen hier in des Wortes verschiedenster Deutung ihre ‚schönsten Stunden'.

Die ‚studirende' Welt hat ... ihr Stammkaffee – das Studenteneck. ...Warm, tabakqualmend, viele Zeitungen, gleichgesinnte Freunde, Billard, Karten, und die fesche Anna oder Resi und so weiter. ... Es sollten die Herren Eltern bei ihren Warnungen vor großstädtischem Treiben stets hinzusetzen: ‚Mein Sohn, gehe ins Kaffee, aber bleibe nicht den ganzen Tag darin.'

Daß die Künstler zu der Kaffeehausbevölkerung ihre erkleckliche Zahl stellen, ist natürlich. Wenn einer um vier Uhr vom Tisch aufspringt: ‚Zum Kuckuck, jetzt ist's schon so spät, und ich habe Modell bestellt', so tröstet ihn ein guter Spezi: ‚Ach, heute war so ein finsterer Tag.' – ‚Ja wohl', sagt der Künstler dann um sieben Uhr, immer noch im Kaffee, ‚heut war wieder 'mal ein finsterer Tag, – das muß anders werden.' Und daß es nicht jeden Tag so ‚finster' ist, beweisen die Ausstellungen.

Die große Schar der Pensionisten und Privatiers, die weniger Reichen, im Volksmund ‚Dreiquart'lprivatier' genannt, darf hier nicht vergessen werden. Aus diesen, speziell den ersteren, entpuppen sich die gefürchteten und teils sogar gehaßten

‚Zeitungsmarder' … Es sind das ältere, meist mit Brillen bewaffnete, griesgrämige Menschen, sehr oft Junggesellen, welche die Zeitungen nicht lesen, sondern geradezu verschlingen, und dabei nicht zufrieden sind, vier bis fünf vor, respektive ‚unter' sich zu haben, sondern mit finsterem Blick ihren Raubzug durch das ganze Lokal unternehmen, um jede nur zu erreichende Zeitung unter den Arm zu packen, und oft mehr wie einem Dutzend solcher an ihren Platz zurückkehren, jeden, der in ihre Nähe kommt, mit giftigen Blicken abweisend … Es ist vier Uhr, das Kaffee ist jetzt beinahe überfüllt. Eine ansehnliche Zahl kräftiger, teils beleibter, hie und da etwas wild ausschauender Herren, die gerade ankam, hat das bewirkt. Es sind die ‚ochsenmordenden' Metzger und ‚kleine' semmelbackenden Bäcker, welche in der Mehrzahl geschäftshalber ins Kaffee gehen, alle aber gewiß, um … Billard, hauptsächlich Preference zu spielen … Mit Vehemenz sausen die Bälle auf dem grünen Tuch herum, oft mit wenig Geschick berechnet … Erfreulich ist es, daß, so wenig es ‚Klassenwirtshäuser' gibt, auch keine Klassenkaffees zu finden sind. Jeder sich anständig benehmende, und anständig gekleidete Mensch kann unbehelligt in jedem Kaffee seine Zeit nach Wunsch verbringen. Wie tief das Kaffeehausleben in die Lebenshaltung der ganzen Bevölkerung eingreift, beweist am besten der vom Publikum vor zwei Jahren siegreich und energisch durchgeführte ‚Kaffeestreik'. Es sollte damals der Preis von zwanzig auf fünfundzwanzig Pfennig per Tasse erhöht werden. Viele Kaffees waren darauf so leer, daß sie hätten gleich geschlossen werden können. Die Herren Kaffeewirte machen auch bei diesem Preise ein ganz gutes Geschäft. Manche haben, wie die Bierwirtschaften, eine Gassenschenke. Abends von zehn bis ein Uhr entwickelt sich wieder ein reges Leben. Viele sogenannte Tagesgeschäfte werden um sieben Uhr geschlossen. Ein fideles und interessantes Treiben herrscht in den Kaffees während des Karnevals nach den Redouten und Bällen und so weiter. Alle möglichen und unmöglichen Masken kann man da sehen. Es gibt viele, die während des ganzen Faschings nichts mitmachen, als daß sie an Redoutentagen morgens zwei Uhr vom Bett aufstehen und ins Kaffee gehen, um sich die ‚Hetz' anzusehen …"

„*Was zusammengehörte und zueinander strebte, fand sich in den Cafehäusern* …“ – Zentren des Gesellschaftslebens

Lokale der Arbeiter und Angestellten

Viele junge Leute aus den ländlichen Regionen rund um München drängten in den Jahrzehnten um die Jahrhundertwende in die Vorstädte, da sie von den zahlreichen neu entstehenden Arbeitsplätzen angezogen wurden und ihr Glück in der bayerischen Hauptstadt suchten. Im Jahr 1900 lag die Einwohnerzahl bei nahezu einer halben Million, doch nur rund 180.000 von ihnen waren gebürtige Münchner; der größte Teil bestand aus Zugezogenen. Die Lebenshaltungskosten waren allerdings sehr hoch und der Verdienst gering. Der Stundenlohn eines Hilfsarbeiters betrug 45 Pfennige; das jährliche Durchschnittseinkommen eines männlichen Lehrlings und eines einfachen Arbeiters lag bei rund 800 Mark, eines Metallarbeiters bei rund 1.400 Mark (Stand 1908). Die Durchschnittslöhne der Frauen bewegten sich zwischen 400 bis 800 Mark im Jahr. Eine 18-jährige Akkordarbeiterin verdiente etwa 8 Mark pro Woche. An Ausgaben hatte sie davon im selben Zeitraum für ihr Zimmer mit Frühstück und Abendkaffee rund 3 Mark, für das Brot, das es zu allen Mahlzeiten gab, 1,40 Mark und für das Mittagessen in einem einfachen Café etwa 1,80 Mark zu bezahlen, pro Mahlzeit also 0,30 Mark.

Billige Lokale waren die „Zwölfpfennigkaffees“ (s. S. 98), in denen die Tasse Kaffee acht Pfennig günstiger war als im Durchschnitt, und die „Automat-Café-Restaurants“, die um 1900 aufkamen: 1896 präsentierte die „Deutsche Automaten Gesellschaft“, ein Gemeinschaftsprojekt des Schokoladenfabrikanten Ludwig Stollwerck und der Erfinder Max Sielaff und Theodor Bergmann, erstmals ihre selbsttätigen Verkaufsapparate und die Idee eines automatischen Restaurants ohne Bedienung auf der

„Weber's Automat-Café". – Postkarte, 1900

Internationalen Gewerbeausstellung in Berlin. Noch im selben Jahr nahm dort das weltweit erste Automatenrestaurant seinen Betrieb auf; weitere folgten rasch. Sie waren bald in fast jeder größeren deutschen Stadt anzutreffen und zumeist im Jugendstil dekoriert. Den Besucher empfing eine breite Front in Messing und Chrom gefasster Glasscheiben, angeordnet wie die Schließfächer einer Bank. Hinter jeder Scheibe gab es eine Box; darin befand sich ein portioniertes Gericht oder Getränke. Daneben lag ein Schlitz für den Münzeinwurf. Hatte der Gast genug Geld eingeworfen, klappte das Fensterchen auf und gab den Inhalt frei. Ohne Bestellung und Wartezeit konnte man sich hier schnell und günstig verpflegen. Ab 1898 betrieb Georg Strebl beim Hauptbahnhof in der Bayerstr. 13 ein Lokal dieser Art, das später den Namen „Bavaria" erhielt. Es warb mit den Begriffen „Selbstbedienung", „Kein Trinkgeld", „zwanglos" sowie „rasch und gut". Im angeschlossenen Hotel gab es auch noch billige Zimmer ab 1,50 Mark. Ein weiteres Lokal unter dem Namen „Jos. Weber's Automat" lag in der Isarvorstadt (Müllerstr. 3). In den 20er-Jahren verschwanden die „Automat-Café-Restaurants" wieder aus dem Straßenbild. Die steigende Inflation brachte die Münzautomaten nämlich an ihre mechanischen Grenzen – mit Scheinen konnten man sie damals nicht betreiben. Endgültig ausgebremst aber wurden die Betreiber von einem Gesetz der Nationalsozialisten, das den Automatenbetrieb stark einschränkte, mit der Begründung, dass sie Arbeitsplätze gefährden würden.

Zur Standardausstattung nicht nur der „Automat-Cafés“ gehörten mittlerweile große Uhren. Sie waren an gut sichtbarer Stelle angebracht und sollten dem Gast dabei helfen, seine Termine pünktlich wahrzunehmen. Im Gegensatz dazu diente die Uhr im Wirtshaus in erster Linie dem Wirt, der die Zecher an die Sperrstunde erinnern musste.

Im Vergleich zu den Geringverdienern trafen sich die Münchner Unternehmer in ihren Pausen zur Erfrischung natürlich in weit nobler gestalteten Räumen. Die Börse bezog beispielsweise 1882 einen Neubau, genannt „Börsenbazar“, mit Passage zwischen der Maffei- und der Schäfflerstraße, der nach Entwurf von Professor Albert Schmidt errichtet worden war. Das darin befindliche Konditoreicafé im altgediegenen Wiener Stil verfügte über Parkettböden, Doppelsäulen, die ein mächtiges Gebälk trugen, Stuckverzierungen an Wänden und Decken, exotischen Pflanzenschmuck und Thonet-Möbel. Als die Börse nur knapp 20 Jahre später wiederum in einen Neubau umzog, diesmal in ein von Friedrich von Thiersch konzipiertes Gebäude der Industrie- und Handelskammer am Maximiliansplatz, verblieb das nun als „Alte Börse“ betitelte Café in dem Gründerzeitbau (Schäfflerstr. 17). Es wurde 1944 zerstört und nach dem Wiederaufbau im Herbst 1948 erneut eröffnet. 1978 erfolgte eine umfassende Innenrenovierung. Am neuen Standort, dem Haus für Handel und Gewerbe, entstand das exklusive „Wiener Café und Restaurant Neue Börse“ (Maximiliansplatz 8). In den Anzeigen warb man mit seiner „vornehme(n), sehenswerte(n) Ausstattung, Café und Restaurations-Betrieb auf Terrasse und Eschenanlage ... sowie täglichen Künstler-Konzerten“.

Varietétheater- und Konzertcafés

Wie auch in anderen Städten Deutschlands entwickelte sich in München um die Jahrhundertwende eine Unterhaltungsindustrie mit Varietés, Singspielhallen und Kuriositätenkabinetten. Die Vergnügungsviertel entstanden in den Straßen rund um das Sendlinger Tor, das Karlstor und den Hauptbahnhof. Daneben organisierten immer mehr Traditionslokale und gastronomische Neugründungen ein ganz auf die Vorlieben ihrer Gäste zugeschnittenes Veranstaltungsprogramm. Bis in die 1920er-Jahre gab es eine Reihe von Kleinkunstbühnen mit Vortragspodium und Klavier, auf denen die Künstler, Autoren und Musiker ihre eigenen Werke vortrugen. Dabei wurde viel improvisiert und die Besucher waren dazu eingeladen mitzumachen.

Das einstige Hofgartencafé „Tambosi“ ging nach mehrmaligem Besitzerwechsel (ab 1895 die Familien Dengler, Putscher, Bauknecht) 1920 an Anna Annast, eine geborene Pschorr, über. Sie und ihr Mann Gustl, der viel Bühnenerfahrung mitbrachte, machten das nunmehrige „Café Annast“ erneut zu einer bedeutenden Münchner Institution. Neben dem Cafébetrieb boten sie ihren Gästen auch einen Ballsaal und mehrere Veranstaltungsräume. Gustl Annast (s. S. 77) richtete im Obergeschoss eine neue Kabarettbühne ein, die bald enormen Zuspruch fand. Viele seiner Schauspielerkollegen traten hier auf, darunter Karl Valentin, Liesl Karlstadt, Bally Prell, Adolf Gondrell, Trude Hesterberg, Ursula Herking, Helmut Käutner und Gerd Fröbe.

Hugo Dreier eröffnete 1899 sein Café-Restaurant „Leopold“ (Leopoldstr. 50 a). Für die Ausstattung hatte er die Architekten Henry Helbig und Ernst Haiger engagiert, die markante Werke des Münchner Jugendstil schufen. Das Innere war ein „tolles Stilgemisch“ aus schwarzen Stühlen mit roten Polstern und roten Säulen mit goldenen Kapitellen, wie Hans Brandenburg in seinen Jugenderinnerungen schrieb. Ignatius Taschner schuf die Skulpturen und das Deckengemälde, das die Apotheose der Kunst zum Thema hatte und die Göttin Athene auf ihrem Thron vor dem Meer im Licht eines Sonnenaufgangs zeigte. Der Tenor Josef Benz, der damals ein Engagement als Zigeunerbaron am Gärtnerplatz-Theater hatte, heiratete in die Familie Dreier ein und eröffnete im Jahr 1900 die „Benz-Kleinkunstbühne“, die sehr zur Bekanntheit des Cafés beitrug. Bald verkehrten hier prominente Münchner Sänger, Volksschauspieler und Schriftsteller, wie Ludwig Thoma, Albert Langen, Ferdinand von Reznicek und Rudolf Wilke, auch Stefan George und sein Kreis sowie die „Kosmiker“ mit Ludwig Klage, Karl Wolfskehl, Franziska von Rewentlow u. a. Der irische Schriftsteller Samuel Beckett erlebte in den 1930er-Jahren Karlstadt und Valentin auf dieser Bühne und bezeichnete deren Auftritt als „really crazy". Das Kabarett wurde nach dem Tod von Josef Benz bis 1935 weitergeführt (1951 erneuert; 1981 geschlossen).

Das Haus Orlando mit dem Café-Restaurant „Orlando di Lasso" (Platzl 4) entstand 1898/99 im Neorenaissancestil. Die Baufirma Heilmann & Littmann, die es errichtete, hatte kurz zuvor das benachbarte neue Hofbräuhaus fertiggestellt. Eines der beiden Häuser, die dafür Platz machen mussten, war lange im Besitz des Hofkapellmeisters Orlando di Lasso (1532–1594) und seiner Erben gewesen. Im 18. Jh. befand sich hier die Bierschänke „Bei der Gretel" und im 19. Jh. ein beliebtes Studentenlokal. Ein Gstanzl aus dem Jahr 1892 lautete deshalb: „Beim Orlando di Lasso / Da sagns sös halt a, / Daß dö frühere Zeit / Viel lustiger war. // D'Korpsburschen von damals / San d'meisten scho g'storb'n / Staatsminister glaub i / San wenige worn." Das neue Café entwickelte sich zu einem Treffpunkt der Hofschauspieler, Kabarettisten und Literaten. Stammgäste waren u. a. der österreichische Dramatiker Egon Friedell, der Wiener Autor Alfred Polgar und der Publizist Erich Mühsam. Während der Inflation musste das Café seinen Betrieb einstellen, eröffnete aber 1925 nach einer Renovierung neu. Zwischen 1945 und 1952 beschlagnahmten die Alliierten das Lokal. Seit 2007 führt der Sterne-Koch Alfons Schuhbeck in dem Gebäude ein bayerisches Feinschmeckerlokal.

Musikalische Darbietungen trugen schon lange zur Unterhaltung in den Cafés bei. In Wien, wo man bereits seit Ende des 18. Jhs. Konzertaufführungen in den Caféhäusern veranstaltete, waren Arien aus italienischen Opern und Operetten, später auch Walzer sehr beliebt. Mitte des 19. Jhs. entstanden in Paris Revue-Cafés, wie das „Moulin Rouge", in denen Theater, Tanz und Musik geboten waren. Gleichzeitig wurde der Kaffee zu einem Thema in der Musik. Schon Johann Sebastian Bach (1685–1750) huldigte dem neuen Getränk in seiner „Kaffeekantate", Karl Gottlieb Hering (1766–1853) mahnte in seinem Lied „C-a-f-f-e-e, trink nicht so viel Caffee" zum vernünftigen Genuss. In Richard

Werbeplakat für ein Gastspiel von Oskar Joost (1898–1941) mit seinem Tanzorchester im „Café Luitpold", o. J.

Strauss' (1864–1949) Ballett „Schlagobers" tanzt „Prinz Kaffee" über die Bühne.

Diese neue Art der Caféhäuser, in denen bekannte Kapellen und Solisten ihr Können zum Besten gaben, breitete sich ab Anfang des 20. Jhs. auch in München aus, und bald wurden die Caféhausmusiker ebenso gefeiert wie die Dirigenten am Odeon-Konzerthaus oder am Hoftheater. Um die teuren Tonkünstler finanzieren zu können, mussten aber möglichst viele Sitzplätze untergebracht werden. Die Innenarchitektur erhielt mit dieser Aufgabe neue Impulse: Durch den Einbau von Rängen, Galerien und Sitzplatzreihen näherten sie sich den Konzertsäle an und tendierten zum Großbetrieb.

Das 1905 eröffnete „Café Modern" in der Theresienstraße war die erste Einrichtung dieser Art. Bald boten auch andere Münchner Lokale Orchestermusik und Tanzveranstaltungen an. Vor allem das „Luitpold" blieb in den Jahren um und nach dem 1. Weltkrieg ein bedeutender und immer wieder modernisierter Treffpunkt des Stadtlebens. Die Prinzen- und Schlachtensäle, die sich im 1. Stock befanden, waren 1915 noch Schauplatz einer „deutschen Kriegsausstellung“ gewesen. Fünf Jahre später entsprachen diese Räume nicht mehr dem Zeitgeschmack. Stattdessen entstand in diesem Bauteil das „Tabarin Luitpold“, eine Mischung aus American Bar, Restaurant und Tanzlokal. Hier trank man Cocktails, tanzte zu Swing- und Jazzmusik – die Mitglieder des ersten Münchner Tanz-Clubs „Gelb-Schwarz-Casino“ übten auf diesem Parkettboden bereits Charleston-Schritte – und besuchte Kabarettveranstaltungen, ganz in der Tradition des Namensgebers Jean Salomon Tabarin, eines französischen Schauspielers und Possenreißers der Barockzeit. Damals spielte die Musik eine Hauptrolle im „Luitpold“. Auch später, im Dritten Reich, empfanden es viele Besucher als angenehm, hier etwas anderes als Marschmusik hören zu dürfen. Salon-Orchester und Solisten von internationalem Rang traten auf und präsentierten die Qualität und den Klangreichtum der deutschen Unterhaltungsmusik der 1920er- bis 1930er-Jahre. Gastspiele gaben hier u. a. der virtuose ungarische Geiger und Kapellmeister Barnabás von Géczy – er wurde der „Paganini des Fünf-Uhr-Tees“ genannt –, der Violinist Bernhard Etté, der Jazzmusiker Ernst van't Hoff mit seinem Swingorchester, der Polkakönig Will Glahé, der „Teufelsgeiger“ Georges Boulanger, der „Vater der Berliner Operette“ Paul Lincke, der Hamburger Walzerkönig Oskar Fetras, „Europas Tango-König“, der Spanier Juan Llossas, die Donkosaken und die Hoch- und Deutschmeister. Die einzelnen Säle wurden im Fasching aufwendig dekoriert, und die veranstalteten Bälle, die Konzerte, die Gesellschaftsrunden bis hin zu den Kaffeekränzchen der weiblichen Stammgäste waren immer sehr gut besucht.

1923, zur Zeit der Inflation, kostete das Kännchen Mokka laut Speisekarte 550,– Mark. Zu jener Zeit sollte das Café einer Bank weichen. Glücklicherweise konnte dies verhindert werden und die damals 140 Angestellten durften ihren Arbeitsplatz behalten.

Den veränderten Vorlieben des Publikums entsprechend, wurden 1929 mehrere Säle, darunter auch der alte Billard-Saal und das „Tabarin“, das erst seit einigen Jahren in Betrieb war, geopfert, um stattdessen ein elegant ausgestattetes Lichtspielhaus zu eröffnen. Bei dem neuen „Luitpold-Theater" handelte es sich um das seinerzeit größte Kino in München (1974 geschlossen). Der Zuschauerraum war 34 m lang, 20 m breit und 10 m hoch. Es verfügte über 1.368 Sitzplätze, besaß eine hochmoderne Tonfilmapparatur und eine Wurlitzer-Orgel. 1930 erhielt das Café die städtische Genehmigung, auf dem Bürgersteig Tische, Stühle und Palmen aufzustellen. Seitdem servierte man Kaffee und Kuchen auch auf Freisitzen vor dem Gebäude (s. Buchrückseite). Das „Luitpold" war damit das erste Boulevardcafé Münchens, und der Genuss einer Tasse Kaffee auf der Straße sollte schon bald zum Lebensstil der modernen, eleganten Frau gehören. Im Vergleich dazu war es in den Pariser Cafés schon seit Mitte des 19. Jhs. üblich, den Platz vor dem Lokal als Servicezone zu nutzen.

1930 gab es einen großen Skandal, als randalierende Nazis eine „Zigeunerkapelle", die im „Luitpold" auftrat, angriffen. Der „Völkische Beobachter" berichtete 1933, dass der bisherige Besitzer Alexander Schalk bankrott ins Ausland geflohen sei. Ein Jahr später ersteigerte die Bayerische Vereinsbank das Gebäude.

An der Ostseite des Marienplatzes existierten vor dem 2. Weltkrieg einige Lokale, die sehr beliebt waren. Das 1859 von Anton und Therese Perzel begründete „Café Perzel" (Marienplatz 13) ging 1906 in den Besitz von Ludwig Walz über. Der neue Eigentümer war ein großer Freund volkstümlicher Unterhaltung. 1911 fand bei ihm ein Ehrenabend zum 20. Bühnenjubiläum des Volkssängers und Komikers Constantin Pfrang, genannt „Conny Stanzl", statt, bei dem auch Karl Valentin in einem Stück unter dem Titel „Karikatur" auftrat. Valentin war übrigens damals der einzige Künstler, während dessen Auftritten ausdrücklich nicht serviert werden durfte. Das „Perzel" bot seinem Publikum im Laufe seines Bestehens viele Sensationen, so z. B. die erste Damenkapelle der Stadt und Auftritte von „Schleier- und Charaktertänzerinnen". 1917 eröffnete Walz eine Volkssängerbühne, die großen Anklang fand. Besonders gefeiert wurden die humorvollen Auftritte der „Krähwinkler" mit Hans Blädel, dessen Frau Rosalie und seinem Partner Karl Flemisch. Zu den Stammgästen gehörte auch Kurt Eisner, der 1918 zum ersten bayerischen Ministerpräsidenten erwählt wurde und am 21. Februar 1919 einem Attentat zum Opfer fiel. Einen Tag

Das „Café Perzel". – Postkarte, um 1910

zuvor saß er noch im „Perzel" und sah ein Manuskript durch, bei dem es sich offensichtlich um seine für den nächsten Tag geplante Rücktrittsrede handelte. Zwischen 1921 und 1930 wurde das Lokal in eine Weinschänke umgewandelt, 1931 aber als „Café Perzel" wiedereröffnet. Gleich daneben lag das „Café Greif" (Marienplatz 14) ein preisgünstiges, gutbürgerliches Haus, über das 1892 folgendes Gstanzl geschrieben wurde: „Beim Greif drin woas jeder, / der öfters verkehrt, / Daß ma dort nix Französisch / Und Englisches hört ..." Es bestand bereits seit 1812 und war einst noch unter der Adresse „am Eyermarkt 163" von dem Kaffeesieder Mathias Hammer als einfacher Ausschank eröffnet worden. 1823 kam es in den Besitz der Familie Danner. Der Münchner Cafétier Georg Greif (s. S. 77) übernahm es 1864, benannte es um und führte es sehr erfolgreich bis 1888. Zum 100-jährigen Jubiläum führte die Familie Staudacher, seit 1911 im Besitz des Lokals, eine Renovierung durch. Der Kunstmaler Max Luber verschönerte zu diesem Anlass die Fassade mit einem Ölgemälde auf Eisenblech, auf dem der Marienplatz in seinem Zustand um das Jahr 1812 zu sehen war. Eine weitere Adresse für

In München gab es die Tagescafés oder „Wiener Cafés", die abends spätestens um 20 Uhr schlossen. Sie hatten ihre Stammgäste und waren v. a. nachmittags stark besucht. Ein anderer Lokaltyp waren die „Café-Restaurants" mit wechselndem Publikum, die bis 2 Uhr früh oder noch länger geöffnet hatten. Es existierte aber auch eine Mischung aus beiden Arten, die sich „Wiener Café-Restaurant" nannte, so z. B. der teilweise original erhaltene „Schelling-Salon" (s. S. 115). Als klassische Einrichtung eines typischen Wiener Caféhauses gelten die Stühle der ehemals in der Kaiserstadt ansässigen Thonet-Sessel-Manufaktur und Tische mit Marmorplatten, wie sie schon im 17. Jh. im „Café Procope" in Paris gebräuchlich waren. Die leichten, aus gebogenem Holz hergestellten Stühle und Garderobenständer von Michael Thonet (1796–1871) waren elegant, bequem und gut transportabel. Thonet hatte mit seinen Möbeln aus gebogenem Holz großen Erfolg bei den Weltausstellungen. In München war das Mobiliar erstmals 1854 bei der Allgemeinen Deutschen Industrieausstellung im Glaspalast zu besichtigen. Es eroberte innerhalb kürzester Zeit die Gastronomiebetriebe in ganz Europa, Nord- und Südamerika. Um die Produktion anzukurbeln, verlagerte der Erfinder seine florierende Firma 1856 in das waldreiche Mähren, in dem schon damals Billiglöhne gezahlt wurden, und stellte dort 1860 mit 300 Arbeitern bereits täglich 200 Stühle her. Nach der Wiener Weltausstellung 1873 kamen die „Wiener Cafés" besonders in Mode. Die Bugholzsessel und -stühle erwiesen sich für jeden Typ von Caféhaus, egal ob einfach oder Luxusklasse, als hervorragend geeignet. Adolf Loos, der sie 1899 bei der Einrichtung des „Café Museum" in Wien verwendete, meinte, „dass es seit Aischylos nichts Klassischeres mehr gegeben hat". Der um 1900 erschienene „Illustrierte Wegweiser durch Wien und Umgebungen" erklärte den Touristen die Funktion der Wiener Cafés wie folgt: „Für das gesellschaftliche und theilweise auch für das geschäftliche Leben von Wien sind die Kaffeehäuser von der höchsten Bedeutung. Namentlich in den Nachmittagsstunden vollzieht sich in denselben ein nicht unbedeutender Theil des Verkehrs, und das ‚Stamm-Caféhaus' ist ein Zusammenkunftsort."

Musikliebhaber war das seit 1912 von Josef Schottenhaml betriebene „Café Rathaus“ (Marienplatz 11) mit Weinausschank. Laut Werbeanzeige handelte es sich um ein „vornehmes Konzert-Café allerersten Ranges“ und bot „tägl. von 4–6 und abends von 9–1/2 2 Uhr Konzerte der Wiener Salon-Kapelle A. J. Werner“. Schottenhaml war auch Inhaber des „Café Odeon“ (Brienner Str. 56), in dem eine „Billard-Akademie“ ihren Sitz hatte. Alle drei Gebäude am Marienplatz wurden 1944/45 zerstört; an ihrer Stelle befindet sich das 1954 eröffnete Kaufhaus Ludwig Beck.

Treffpunkte der Münchner Bohème

Die intensive Kulturförderung durch die Regenten, die schon unter Max I. mit der Gründung der Kunstakademie 1806 begonnen hatte und durch seine Nachfolger konsequent fortgeführt worden war, lockte um die Jahrhundertwende aus ganz Europa Scharen junger Künstlern, Schriftsteller, Philosophen und Idealisten aller Couleur nach München. Um 1890 waren allein rund 3.000 Maler und Bildhauer in der Stadt tätig und sorgten für deren Ruf als führende deutsche Kunstmetropole. Die Vertreter dieser kreativen Szene stammten zwar aus den verschiedensten gesellschaftlichen Schichten, viele von ihnen stimmten jedoch in ihrer Ablehnung verkrusteter bürgerlicher Lebensformen und äußerer Zwänge miteinander überein. Sie strebten nach kreativer Freiheit und einem unabhängigen Leben in moralischer Freizügigkeit. Trotz Zensur durch die Obrigkeit und die katholische Kirche herrschte in der bayerischen Landeshauptstadt nach dem Motto „Leben und leben lassen“ oft noch eine größere Liberalität gegenüber Sonderlingen und Abweichlern als anderswo. Abseits des offiziellen staatlichen Kulturbetriebs gründeten sie anarchische Gruppen, literarische Zirkel, satirische Zeitschriften, Künstlervereinigungen und Protestbühnen. Diese lebendige Subkultur verlieh München in der Zeit bis zum 1. Weltkrieg ein internationales, avantgardistisches Flair. Die einzelnen Zirkel trafen sich in den einschlägigen Cafés, Restaurants und Kneipen. Für sie wurden diese zumeist gutbürgerlichen Lokale zum Rahmen ihrer

Außenansicht des „Café Rathaus" am Marienplatz. – Fotografie, 1910

antibürgerlichen Selbstinszenierung. Hier lebte und arbeitete man und verbrachte einen großen Teil des Tages.

Besonders der Stadtteil Schwabing war damals ein „lebendiger Organismus aus Kreisen“, die sich willkürlich und unwillkürlich, willig und unwillig berührten, anzogen und abstießen, überschnitten und durchkreuzten (Hans Brandenburg). Erich Mühsam beschrieb diesen Personenkreis treffend in „Unpolitische Erinnerungen“ von 1927: „Das sind die Gestalten, die den Stadtteil Schwabing zum Kulturbegriff Schwabing machten – Maler, Bildhauer, Dichter, Modelle, Nichtstuer, Philosophen, Religionsstifter, Umstürzler, Erneuerer, Sexualethiker, Psychoanalytiker, Musiker, Architekten, Kunstgewerblerinnen, entlaufene höhere Töchter, ewige Studenten, Fleissige und Faule, Lebensgierige und Lebensmüde, Wildgelockte und adrett Gescheitelte, – die bei der denkbar größten Verschiedenheit voneinander (...) vereint waren in einer unsichtbaren Loge des Widerstandes gegen die Autorität der herkömmlichen Sitten und des Willens, ihr individuelles Gehaben nicht unter die Norm zu beugen.“ Viele der Bohemiens waren wirtschaftlich schlecht gestellt und bewohnten ärmliche, billige Zimmer in den Schwabinger Hinterhöfen. Als Alternative zu ihren dürftig geheizten Stuben boten sich die Cafés an. Sie waren Zuflucht und Heimstatt, wenn es in der Wohnung und auf der Straße zu unwirtlich war, wurden zur Arbeitsstätte und gaben die Gelegenheit zur Zeitungslektüre, für Kontakte, Gespräche und Spiele. Oskar Maria Graf, der 1911 auf der Flucht vor den Schikanen in der elterlichen Bäckerei vom Starnberger See nach München kam, äußerte sich in seinen Memoiren „Wir sind Gefangene" lakonisch zum Tagesablauf der Bohemiens: „Wie gewöhnlich streunte man herum, ging in die Kaffeehäuser, pumpte Geld, aß irgendwo und schlug saufend und diskutierend die Nacht tot."

In einer Reihe von Caféhäusern und Wirtschaften in Schwabing und in der Maxvorstadt spielte sich das gesellschaftliche Leben ab. Das Wein- und Café-Restaurant „Simplicissimus" (Türkenstr. 57), von Kathi Kobus 1903 in den ehemaligen Räumen des Caféhauses „Kronprinz Rudolf" gegründet, ist eines der ältesten noch erhaltenen Münchner Lokale aus der Zeit der Schwabinger Bohème. Den Namen übernahm die Wirtin mit Erlaubnis des Verlegers Albert Langen von dessen damals schon sehr bekannter Satire-Zeitung. Zu ihren Stammgästen zählten Ludwig Thoma, Olaf Gulbransson, Max Halbe, Franziska zu Reventlow, Roda Roda und viele andere Autoren und Zeichner, von denen die meisten für den Verleger Langen tätig waren. Kobus richtete im Lokal eine Brettlbühne ein und engagierte einige ihrer Gäste zur Unterhaltung des Publikums, wie z. B. Erich Mühsam und Joachim Ringelnatz, die für ein Essen und einen Schoppen Wein ein unterhaltsames Abendprogramm boten. Es wurde rezitiert und gesungen, meist gegen Naturalien und ohne Gage. Karl Valentin hatte hier 1907 seinen ersten Auftritt. Heute knüpft der „Alte Simpl" mit seiner Einrichtung und Ausstattung bewusst an diese bewegte Vergangenheit an. Seine gediegene dunkle Holzvertäfelung und die langen Tische sind typisch für Altmünchner Gaststuben; die einstige Atmosphäre wird anschaulich in den Bildern an den Wänden widergespiegelt. Auf den Fotos sind die Berühmtheiten der Schwabinger Bohème zu sehen. Im Gastraum sitzt immer noch – angekettet – die von Thomas Theodor Heine entworfene rote „Simplicissimus"-Bulldogge, das einstige Maskottchen des Magazins.

Ein weiterer Treffpunkt war das Café „Altschwabing" (Schellingstr. 56), ausgestattet mit prächtigen Säulen, hohen

Stuckdecken und Kristalllüstern. Das historistische Gebäude, in dem es sich noch heute befindet, wurde 1887 errichtet und entwickelte sich schnell zum Künstlertreff. Hier verkehrten die Maler Paul Klee, Franz Marc und Wassily Kandinsky, aber auch Schriftsteller wie Thomas Mann, Stefan George und Franz Wedekind. Der nebenan gelegenen „Schelling-Salon" (Schellingstr. 54), ein ehemaliges Garten- und Ausflugslokal, dessen Gebäude 1911 von Engelbert Mehr im Stil des Neobarocks um- und ausgebaut wurde, war ebenfalls in der kreativen Szene, bei Intellektuellen und Exzentrikern sehr beliebt. Im Erdgeschoss eröffnete der Wirt ein Wiener Café-Restaurant mit mehreren Billardtischen und einem großen Angebot an aktueller Zeitungslektüre. Hier waren regelmäßig Bertolt Brecht, Wassily Kandinsky, Henrik Ibsen, Franz Marc, Joachim Ringelnatz, Rainer Maria Rilke und Ödön von Horváth zu Gast. Das Publikum war stets sehr durchmischt. Neben den Bohemiens saßen Handwerker, Büroangestellte, Schieber, Geschäftsleute und Politiker an den Tischen. Adolf Hitler und seine braunen Parteifreunde erhielten aufgrund unbezahlter Rechnungen und lautstarker Hassreden bald Hausverbot. In der Schellingstraße, wo seit 1925 das Parteihauptquartier der NSDAP lag, ließ sich der Aufstieg der Nationalsozialisten besonders gut beobachten.

Das „Café Luitpold", Schwabings „Dichterlager", wie es der Philosoph Theodor Lessing einmal titulierte, stand damals ebenfalls im Brennpunkt der Geschehnisse (s. S. 87ff.). Dazu kamen die Neueröffnungen an der Peripherie Schwabings wie das „Café Noris" (Leopoldstr. 41; 1890 eröffnet) – heute erinnert nur noch eine Bronzetafel an der Wand des neuen Supermarkt daran, dass in dem Vorgängerbau über dem Café einst die berühmte Schriftstellerin Franziska zu Reventlow wohnte – und das „Café Stefanie" (s. S. 116ff.), die sich ebenfalls schnell zu beliebten Treffpunkten von Studenten, Künstlern, Schauspielern und Literaten entwickelten. In vielen Erinnerungen der damaligen Protagonisten kann man nachlesen, dass sie damals den ganzen Tag und die halbe Nacht lang in den verschiedenen Lokalen unterwegs waren. Erich Mühsam beschrieb dieses Pendeln zwischen den einzelnen Caféhäusern in seinen „Unpolitischen Erinnerungen" (1927): „Was zusammengehörte und zueinanderstrebte, fand sich in den Cafehäusern, Weinstuben und Bierkellern an den Tischen, welche zu verschiedenen Tageszeiten die verschiedenen Sammelpunkte der verschiedenen Freundes- und Kollegenkreise abgaben. Aber der Stammgast des Cafes Stefanie war kein lästiger Fremdling, wenn er einmal im Cafe Luitpold bei den Ästheten, im Cafe Noris bei den Schwabinger Honoratioren oder im Cafe Orlando di Lasso bei den kritikenverschlingenden Hofschauspielern auftauchte. Wer sonst abends die letzten Krach-Sensationen innerhalb der zahlreichen Künstlerbünde bei der Kathi Kobus oder in der Torggelstube mit den unmittelbar Beteiligten oder den mittelbar Interessierten zu diskutieren liebte, wurde gleichwohl willkommen geheißen, wenn ihn der Abwechslungsdrang einmal an den Wochenstammtisch der Simplicissimus-Künstler an der ‚Kette' oder zum Frühschoppen in den ‚Franziskaner' führte."

Das „Café Stefanie" – Stammlokal der Literaten, Künstler, Studenten und Schachspieler

1896 – im selben Jahr kamen auch die Satireblätter „Jugend" und „Simplicissimus" auf den Markt – eröffnete der Konditoreibesitzer Karl Oberdorfer das Wiener „Café Stefanie" an der Ecke Theresien-/Amalienstraße und benannte es nach seiner Frau. Es sollte sich rasch zu einem Lieblingslokal der kreativen Freigeister entwickelte. Durch die Nähe zur Universität und zur Akademie der Bildenden Künste gehörten viele Studenten zum Stammpublikum, für die das Café rasch zu einer Art „alternativer" Begegnungs- und Bildungsstätte wurde. Zu den Dauergästen zählten Wedekind, Marc, Mühsam und Jünger, der Simpicissimus-Zeichner Roda Roda, Heinrich Mann, Hans Carossa, Eduard von Keyserling, Max Halbe, Franziska Gräfin zu Reventlow, Klabund und viele andere in späteren Jahren bedeutende Persönlichkeiten, die dieses Café und die Begegnungen, die hier stattfanden, vielfach in ihren Aufzeichnungen, Tagebüchern, Gedichten und Romanen kommentierten und verwerteten. Aufgrund der echten und vermuteten Genies unter den Gästen nannte man es bald spöttisch „Café Größenwahn". Damit reihte es sich ein in die Schar

Innenansichten des „Café Stefanie". – Postkarte, 1911

der anderen wichtigen Bohème-Lokale in den deutschsprachigen Ländern, wie das „Griensteidl" in Wien, das „Café des Westens" in Berlin, das Leipziger „Café Central", die alle einmal diesen Titel trugen. Der Münchner Schachclub, der seit 1836 bestand, siedelte 1922 hierher um und behielt diesen Sitz bis zur Zerstörung des Hauses 1943. Zur Einrichtung gehörten die beliebten Thonet-Möbel mit schwungvollen Stühlen und Kleiderständern aus gebogenem Holz sowie runde Marmortischchen. Eine genaue Beschreibung der Räumlichkeiten und der Atmosphäre, die an der „Universität Café Stefanie" herrschte, lieferte der Autor und Maler Leonhard Frank in seinem autobiografischen Roman „Links, wo das Herz ist" von 1952: „Das Boheme-Café Stefanie bestand aus einem Nebenraum, an dessen Fenstertischen Münchener Berühmtheiten jeden Nachmittag Schach spielten vor zuschauenden Straßenpassanten, und dem größeren Hauptraum mit einem glühenden Kohlenofen, versessenen, stark nach Moder riechenden Polsterbänken, roter Plüsch, und dem Kellner Arthur, der in ein zerschlissenes Büchlein, notdürftig zusammengehalten von einem Gummiband, die Pfennigsummen notierte, die seine Gäste ihm schuldig blieben. Der überfüllte Hauptraum hatte seinen eigenen warmen Geruch, eine spezielle Mischung aus Kaffee- und dumpfem Moderduft und dickstem Zigarrenrauch. Wer hier eintrat, war daheim."

Mühsam beschrieb die Gäste und seine Bekanntschaften aus dem „Stefanie" wie folgt: „Es wird wohl 1905 gewesen sein, daß ich zum ersten Male einige Zeit angemeldeter Einwohner Münchens und selbstverständlich Schwabings war. Zum Stammlokal wurde das ‚Café Stefanie' gewählt, an der Peripherie des Künstlerviertels, im Münchener Quartier Latin gelegen. Hier verkehrten massenhaft Maler, Schriftsteller und Genieanwärter jeder Art, auch viele ausländische Künstler, Russen, Ungarn und Balkanslawen, kurz das, was der Münchener Eingeborene in den Sammelnamen ‚Schlawiner' zusammenfasst. Ein Ecktisch war für eine Anzahl Berühmtheiten reserviert, deren einige dem Schachspiel oblagen, andere die Tagesereignisse auf den Gebieten der Literatur, der Kunst und des Theaters erörterten. Dort lernte ich Max Halbe kenne und Max Dauthendey und habe dann jahrelang an dem Ecktisch fast täglich Schach gespielt mit Roda Roda und Gustav Meyrink, mit dem Syndikus der Münchener Kunstakademie Professor Eugen von Stieler und mit dem ‚Major', dem Maler und Schriftsteller August von Hoffmann-Bestenhof, einem ehemaligen österreichischen Offizier, mit dem Maler Max Nonnenbruch und vielen anderen. Auch den überaus feinen, klugen und ironischen baltischen Romancier Graf Eduard Keyserling habe ich dort noch getroffen, bevor er, blind und gelähmt, ganz an den Rollstuhl gefesselt war." Joseph Ruederer dagegen spottete 1907 ausgiebig über das „Stefanie": „Von aussen wie jedes andere der zahllosen Lokale, worin die Münchner von zwei bis fünf dem Tertel obliegen, von innen ein wesentlich anderes Bild. Schon der Geruch ist verschieden. Keine Zigarren, nur Zigaretten, kein Bier, nur Stefan George. Nicht als ob der gefeierte Dichter in eigener Person zugegen wäre: seine Jünger, seine Bekenner, seine Verehrer sitzen herum. In allen Altern, in allen Typen, in allen Geschlechtern. Schwarzhaarige Jünglinge aus den Donaustaaten, Malweiber, die Reformkostüme tragen, und Studenten, die dichten. Alles nach Gruppen und Cliquen geregelt. An jenem Tische schwärmt man für Maeterlinck, da drüben für Huysmans, am dritten für Strindberg, am vierten für alle zusammen. Dazu klappernde Dominosteine, rollende Billardkugeln. Und dies alles vom Mittag bis zum Morgen. Dann ruhen die Herrschaften, getrennt oder gemeinsam – je nachdem – in den Betten. Möglich auch, ein besonderer Frühauf flaniert, die Hände in der Tasche, die Zigarette im Mundwinkel, zum Polytechnikum oder zur Universität, möglich auch, es pinselt einer auf einer Leinwand herum … So aber ein Poet sich bereits den Schlaf aus den Augen gerieben hat, dann schafft er im Café Stefanie bei Melange und Zitronenwasser nur Ewigkeitswerte. Im Stile des Meisters, den er bewundert, und mit souveräner Verachtung all dessen, was an Plebejertum mahnt." Mit mehr Ernst beurteilte Knud Hamsun, der 1920 den Literatur-Nobelpreis erhielt, die Beweggründe der Gäste im „Stefanie": „Was die Künstler miteinander verband, war die leidenschaftliche Überzeugung, daß ihre Ideen verwirklicht werden müßten. Mit der Naivität des schöpferischen Menschen waren sie besessen von dem Gedanken, mit dem Bild, mit dem Wort die Welt zu verwandeln, sie zu einem Ort zu machen, auf dem es sich ein wenig besser, freier, mit mehr Freude leben ließe."

So gingen von den Kontakten und Gesprächen, die hier stattfanden, auch viele Impulse aus. Beispielsweise trafen sich 1913 Hugo Ball, ein Mitgründer der Dada-Bewegung, der Dichter Klabund und seine Muse Marietta di Monaco im Café Stefanie und verfassten gemeinsam Nonsensverse, die sie unter dem Pseudonym „Karinetta Klaball" herausgaben. Die jüdischen Intellektuellen Ernst Toller, Kurt Eisner, Erich Mühsam und Gustav Landauer beteiligten sich maßgeblich an der Revolution und der Rätebewegung in München und machten das „Stefanie" zum inoffiziellen Hauptquartier der Revolution.

Mit dem Aufkommen der Nationalsozialisten verlor das Café in den 1930er-Jahren sein Publikum. Nach dem 2. Weltkrieg versuchte man erfolglos, es wieder aufleben zu lassen. Teile des Mobiliars stehen heute im „Turmstüberl"-Café des Valentin-Karlstadt-Musäums.

Die Caféhausszene während und nach dem 1. Weltkrieg

Nachdem Kaiser Wilhelm II. am 1. August 1914 die allgemeine Mobilmachung angeordnet und das Deutsche Reich Russland und Frankreich den Krieg erklärt hatte, ging Münchens Zeit als Schauplatz der internationalen Avantgarde schlagartig zu Ende. Die allgemeine Abwanderung hatte aber bereits 1913 begonnen. Künstler und Schriftsteller, die den Feind-Nationen angehören, mussten Deutschland verlassen. Die zurückgebliebenen Bohemiens waren in Kriegsbefürworter und -gegner gespalten. In den 1920er-Jahren erstarkten die konservativen und restaurativen Kräfte in der Stadt und machten sie zum Sammelbecken republikfeindlicher Strömungen unterschiedlichster Art – von Monarchisten und Separatisten bis zu extremen Nationalisten und völkischen Antisemiten. Avantgardistische Kunst stieß nun auf breites Unverständnis. Mitte der 20er-Jahre zogen auch Berthold Brecht, Lion Feuchtwanger, Marieluise Fleißer und viele weitere Schriftsteller nach Berlin. Dieses engstirnige geistige Klima, das „die einstige mit vollem Recht anerkannte, international hochgeachtete Kunststadt München in geistiger, kultureller und gesellschaftlicher Hinsicht sehr schnell bedeutungslos machte", wie Oskar Maria Graf 1966 in „Gelächter von außen" bedauert, beschreibt Feuchtwanger 1930 in seinem Roman „Erfolg": „Früher hatte die schöne, behagliche Stadt die besten Köpfe des Reiches angezogen. Wie kam es, daß die jetzt fort waren, daß an ihrer Stelles alles, was faul und schlecht war im Reich und sich anderswo nicht halten konnte, magisch angezogen nach München flüchtete?"

Während der Kriegszeit waren Bälle, Konzerte, Volksgesänge und Belustigungen jeder Art in der Öffentlichkeit, in Wirtschaften und Cafés verboten. 1916/17 litten die Einwohner unter Mangelernährung; im „Dotschnwinter" wurde eine Suppe aus Steckrüben (= Dotschn) zur Hauptnahrung weiter Kreise. Zahlreiche Lokale gingen ein. Das Kriegsende brachte mit der Revolution vom 7.11.1918 in München das Ende der Monarchie und die Entstehung einer Republik, die nach der Ermordung ihres ersten Ministerpräsidenten Kurt Eisner von Experimenten um die Räteregierung geschüttelt in Bürgerkrieg und Reaktion mündete. Große Schwierigkeiten machte die Versorgung der hohen Anzahl an Kriegsversehrten und die Wiedereingliederung zehntausender Soldaten in einen zivilen Arbeitsprozess. Immer wieder kam es zu Engpässen in der Versorgung. Erst

Neuerungen in der Kaffeezubereitung

Vor der Erfindung des Melitta-Filters gab es bei der Kaffeezubereitung stets das Problem, dass sich in der Kanne Kaffeesatz bildete. Deshalb füllte man das Getränk, nachdem es sich gesetzt hatte, vorsichtig in eine zweite Kanne um. Weitere Methoden bestanden darin, das Pulver vor dem Aufgießen in ein Säckchen zu füllen oder den bereits fertig zubereiteten Kaffee vor dem Genuss durch Haarsiebe, Tücher oder Löschpapier zu filtern.
1908 meldete Melitta Bentz (1873–1950) aus Dresden am Kaiserlichen Patentamt zu Berlin ihren „Kaffeefilter mit nach unten gewölbtem, mit einem Abflussloch versehenen Boden und lose einliegendem Siebe" an. Im selben Jahr gründete sie mit ihrem Mann und den beiden Söhnen ein Familienunternehmen mit einem Anfangskapital von nur 73 Pfennigen. Auf der internationalen Hygieneausstellung 1911 in Dresden erhielt ihr „Filtrierapparat" – damals noch ein Rundfilter aus Aluminium – erste Auszeichnungen. Das stetig wachsende Unternehmen, das seit 1929 seinen Sitz in Minden hat, begann in den 1920ern mit der eigenen Filterproduktion. Von 1932 bis 1936 wurden die sogenannten Schnellfilter produziert, die eine kreisrunde Bodenfläche hatten, auf die das quadratische Filterpapier mit einem „Eindrücker" aus Aluminium gepresst wurde. 1937 kam der bis heute gebräuchliche Spitzfilter aus Porzellan mit nach unten schlitzförmig zulaufendem Filterkörper und den dazu passenden Filtertüten auf den Markt. Der Begriff wurde als Warenzeichen registriert, weshalb seitdem nur Melitta-Produkte „Filtertüte" heißen dürfen. 1963 eröffnete die erste Niederlassung in den USA. Der Vorname der Erfinderin steht heute für eine internationale Unternehmensgruppe mit 3300 Beschäftigten, die von Melitta Bentz' Enkeln Thomas und Stephan geführt wird.

1919 wurde Kleinkunstbühnen, Cafés und Weinlokalen offiziell die Erlaubnis erteilt, wieder bis zur Polizeistunde geöffnet zu haben. Es bestand jedoch weiterhin ein generelles Kuchenverbot. Die Lebensmittelversorgung der bayerischen Hauptstadt war erst ab 1920 wieder gesichert.

Von den Luxuscafés verschwanden die meisten mit dem 1. Weltkrieg von der Bildfläche. Manche unter ihnen hatten in den 1920er- und 30er-Jahren eine zweite Blüte, konnten sich jedoch auf die Dauer nicht mehr halten. Mit der Verbreitung des Rundfunks in den 1920ern erlebten auch die Konzertcafés einen vorläufigen Niedergang. Oft boten sie in der Folgezeit nur noch eine Minimalbesetzung durch einen Klavierspieler oder einen Stehgeiger, bis nach dem 2. Weltkrieg wieder ein erhöhter Bedarf an Unterhaltung und Ablenkung in geselliger Runde bestand. Während 1913 insgesamt 241 Cafés gemeldet gewesen waren, gab es 1923 nur noch knapp 170 Stück; 1930 belief sich ihre Zahl wieder auf 272 Betriebe: 103 Konditoreicafés, 94 Café-Restaurants und 75 einfache Kaffeeschänken. Allgemein ging der Trend nun zu den kleineren, ohne große Kosten und Aufwand betriebenen Konditoreicafés, die sich auf das bloße Angebot von Kaffee und Backwaren konzentrierten. Die Verweildauer der Gäste hatte deutlich abgenommen.

Ab 1924 bot sich den Münchner Cafébesuchern die Gelegenheit, mit einem neuen Getränk Bekanntschaft zu machen – dem koffeinfreien Kaffee. Der Bremer Kaufmann Ludwig Roselius hatte gemeinsam mit anderen Großhändlern bereits 1906 die Kaffee-Handels-Aktien-Gesellschaft (Kaffee HAG) gegründet, die diese Errungenschaft als erstes Unternehmen weltweit in einer neu errichteten Fabrikanlage im Bremer Hafen herstellte. Nach dem 1. Weltkrieg wurde die Produktion 1922 wieder aufgenommen. Um sein neues Produkt einzuführen, gründete Roselius in zahlreichen deutschen Städten Kaffee-Hag-Stuben und ließ sie einheitlich nach den Plänen der Bremer Architekten Runge & Scotland einrichten. Die Witwe von Konditormeister Heinrich Griebel (s. S. 76) verkaufte ihr Palais an das Unternehmen, das nun mit der „Confiserie Rottenhöfer Café Hag“ (Residenzstr. 26) einen Sitz in der bayerischen Metropole hatte. Nicht nur in Sachen Kaffee, sondern auch auf dem Gebiet der Werbung beschritt diese Firma neue Wege: Alles, was mit dem Produkt zusammenhing, von den Geschäftspapieren über die Produktverpackungen bis zu den Werbemitteln, wie Blechschilder, Tassen und Kännchen, wurde einheitlich gestaltet. Man entwickelte schon damals ein Corporate Design mit eigens ent-

Der Kaffeehandel bis zum 2. Weltkrieg

Im Zuge des wirtschaftlichen Aufschwungs Deutschlands nach der Reichsgründung 1871 hatte sich Hamburg zu einem der bedeutendsten Kaffeehandelsplätze der Welt entwickelt. Die dortigen Kaufleute pflegten gute Beziehungen zu Lateinamerika, investierten in Röstereien und besaßen vielfach auch eigene Plantagen. Nach New York und Le Havre eröffnete 1887 in der Hamburger Speicherstadt die weltweit dritte Warenterminbörse für Rohkaffee. Nach dem Ausbruch des Krieges im August 1914 kam der Terminhandel zum Erliegen. Über die Niederlande und Dänemark war jedoch der Import noch möglich. Da zudem rund 2 Mio. Säcke in Hamburg lagerten, die innerhalb kürzester Zeit verkauft wurden, sank der Preis rapide. Kurioserweise hatte dies zur Folge, dass im Kriegsjahr 1915 in Deutschland mehr Kaffee konsumiert wurde als 1913.

Ab 1916 ging der Verbrauch stark zurück und kam zwei Jahre später völlig zum Erliegen. Die Reparationsforderungen der ehemaligen Kriegsgegner, die Beschlagnahmung deutschen Eigentums im Ausland und die Inflation bedeuteten starke Hemmnisse für den Kaffeehandel. Erst 1925 wurde die Hamburger Kaffeebörse wieder eröffnet. Die folgende Weltwirtschaftskrise wirkte sich erneut negativ aus. 1931 wurde die Devisenbewirtschaftung eingeführt. Danach spielte der Terminhandel keine Rolle mehr.

In der NS-Zeit wurde der freie Markt aufgehoben. 1937 richtete man die „Überwachungsstelle für Kaffee" ein. Die Bohnen durften nur noch im Austausch mit deutschen Waren aus den Anbauländern eingeführt werden. Ab 1939 wurde die Zuteilung von Röstkaffee an die Verbraucher staatlich überwacht. Importfirmen in jüdischem Besitz wurden zwangsverkauft oder aufgelöst. Das „Münchener Preisbuch" regelte ab 1940 alle Preise für private Lebensmittel, aber auch für die gewerbliche Wirtschaft, und wurde durch ein System von Berechtigungsscheinen („Lebensmittelkarten") ergänzt. Dies führte zu regem Tauschhandel und einem blühenden Schwarzmarkt.

Gastraum des „Café Hag". – Fotografie, 1930

worfener Schrift und einem Logo: dem in einen Rhombus gesetzten Rettungsring in den Farben Rot und Schwarz. Er sollte die Rettung vor gesundheitlichen Schäden symbolisieren. Gleichzeitig wurde damit die positive Botschaft vermittelt, dass entkoffeinierter Kaffee Wohlbefinden garantiert. Die Botschaft von „Kaffee HAG" richtete sich v. a. an die neue Zielgruppe der Kaffeegenießerinnen: an die vornehmen Damen von Welt, die nach innerer und äußerer Schönheit strebten. Der Name blieb dem Münchner Café erhalten, auch nachdem der junge Konditormeister Max Eichele den Betrieb 1931 übernommen hatte. Unter den Bombenangriffen 1944/45 brannte das Haus nieder, wurde neu aufgebaut, noch in den 1950ern vergrößert und renoviert und erhielt 1982 ein völlig neues Interieur. 2014 mussten das Café und die Konditorei, zuletzt unter Führung von Hans Peter und Brigitte Umscheid, jedoch schließen.

„Eine Oase … voller vergnügter Geister" – Caféhäuser nach dem 2. Weltkrieg bis ins neue Jahrtausend

Nach dem 2. Weltkrieg war die Hälfte der Bausubstanz Münchens vernichtet, die Bahnanlagen fast gänzlich. Am 30. April 1945 erfolgte die Besetzung durch die US-Armee. Die Einwohnerzahl der Stadt betrug nur noch 480.000 Personen. Sie mussten in den nächsten Jahren mit dem Zusammenbruch ihrer materiellen Lebensgrundlagen, was Ernährung, Bekleidung, Wohnraum, Arbeit, Licht, Heizung, Wasser, Medizin, öffentliche Verkehrsmittel, Beschulung und mehr betraf, zurechtkommen. Die Besatzer beschlagnahmten für ihren eigenen Bedarf zahlreiche Einrichtungen, z. B. die noch intakten Krankenhäuser, Fabriken, Militär- und Verwaltungsgebäude, zahlreiche Villen – zum Teil von geflüchteten Nazi-Größen – und Vergnügungsstätten, z. B. waren Teile des Englischen Gartens für die Bevölkerung „off limits". 1946 kamen infolge des Potsdamer Abkommens viele Heimatvertriebene nach München. Das Ernährungsangebot erreichte im Frühjahr 1948 seinen Tiefststand, was Hungerdemonstrationen zur Folge hatte. Erst die Währungsreform mit der Einführung der D-Mark zum 30.6.1948 brachte wieder Waren in die Geschäfte, schuf Kaufkraft und einen Markt mit Angebot und Nachfrage. Die letzten Lebensmittelkarten wurden Anfang 1950 ausgegeben. Genussmittel, wie Zigaretten, Spirituosen, Kaffee, Konserven, Obst etc., gab es nur auf den Schwarzmärkten am Hauptbahnhof, am Sendlinger-Tor-Platz, am Deutschen Museum, in Freimann und in der berüchtigten „Möhlstraße" in Bogenhausen. Das als Schwarzhandelszentrum bekannte „Café Rheinland" (Dachauer Str. 9) wurde 1948 nach Umbauarbeiten als christliches Hospiz eröffnet. Zum Stimmungsaufschwung in der Bevölkerung trug der Weltmeistertitel, den die deutsche Fußball-Nationalmannschaft 1954 errang, bei; die Spieler wurden damals auf dem noch halb zerstörten Marienplatz stürmisch empfangen.

1955 trafen die ersten Gastarbeiter aus Italien in München ein und beeinflussten in der Folgezeit auch die Gastronomie; die Einwohnerschaft war auf über 900.000 Menschen gestiegen und der Beginn des „Wirtschaftswunders“ kündigte sich an. Zur 800-Jahr-Feier 1958 wurde die bayerische Hauptstadt als „Millionendorf“ und „Weltstadt mit Herz“ gefeiert. Der Stachus entwickelte sich bis 1959 zum verkehrsreichsten Platz Europas. Nach der „Fresswelle“ und der „Bekleidungswelle“ stand nun die Mobilität im Mittelpunkt. Der Individualverkehr mit VW-Käfer und BMW-Isetta, der Sommerurlaub in Italien und die Campingferien wurden zu einer Massenbewegung in Bayern.

Erste Wieder- und Neueröffnungen

Im Luitpoldblock in der Brienner Straße war das Kino so weit erhalten, dass man ab September 1945 in der Kriegsruine Hollywood-Filme zeigen konnte – auch wenn man nach Aussage der Besucher ab der 5. Reihe vorsichtshalber einen Regenschirm dabeihaben sollte. 1948 erfolgte nach umfangreichen Aufbauarbeiten die Wiedereröffnung des „Café Luitpold“. In den 1950er-Jahren fristete der einstige glamouröse Schauplatz des Münchner Gesellschaftslebens jedoch ein eher klägliches Dasein. Nachdem der wirtschaftliche Erfolg ausblieb, musste das „Luitpold“ 1960 schließen. Eine ganze Reihe weiterer Caféhäuser im Stadtzentrum nahmen 1948, wenn auch in vorerst bescheidenem Umfang, ihren Betrieb wieder auf, u. a. das „Park-Café“ im Alten Botanischen Garten, das „Café Stefanie“, das jedoch schon drei Jahre später durch ein Spezialitätenrestaurant ersetzt wurde (heute Bankfiliale), und das „Café Alte Börse“ (Maffeistr. 3). Für manche Lokale wurden vorerst Behelfsbauten errichtet, wie für das „Café Schiller“ am Lenbachplatz und das „Café Fenstergucker“ an der Ecke Arco-/Barer Straße. Waldemar Seizinger richtete in den Kellerräumen des früheren Gebäudes erneut das „Café am Karlstor“ ein, das 1944 zerstört worden war. Es bot nun wieder 200 Gästen Platz und öffnete von 7 bis 22 Uhr. Laut Statistik gab es 1948 schon wieder 1000 Bier- und 50 Weinlokale sowie 240 Cafés in München.

Auch Therese Hölzl, die seit 1944 verwitwet war, baute mit Unterstützung ihrer beiden Söhne Johann und Karl ab 1946 den vor dem 2. Weltkrieg bestehenden Familienbetrieb mit der 1919 erworbenen Bäckerei (Augustenstr. 60) und dem 1932 gegründeten Konditorei-Café (Dachauerstr. 24) wieder auf. 1976 wurde eine moderne Backstube in Moosach errichtet, und in der Folgezeit wuchs das Unternehmen mit Hilfe der dritten Hölzl-Generation zu einer Größe mit zehn Filialen heran. Hans und Franz Hölzl führen mittlerweile ihre eigenen Unternehmen. Die Firma Johann Hölzl betreibt heute das „Café am Waldfriedhof" (Lorettoplatz 7) sowie Cafés in Obersendling (Passauerstr. 45), beim Nymphenburger Schloss (Hirschgartenallee 48) und die eigene Confiserie (Dachauer Str. 24). Seit dem Jahr 2000 gibt es auch den Hölzl-Cafèstand auf dem Oktoberfest, der mit seinem riesigen Baumkuchen schon von weitem zu erkennen ist.

Manche Lokale gingen in der Nachkriegszeit auf die nächste Generation über. Das 1887 von Karl Kustermann gegründete Confiserie-Café (Lindwurmstr. 36), das seit 1931 zusätzlich ein Ausflugslokal in München-Solln betrieb, wurde 1949 von dessen Enkelin übernommen. Aus ihrer Ehe mit dem Filmarchitekten Ludwig Reiber stammten die Tochter Carolin, eine bekannte Fernsehmoderatorin, und der Sohn Karl-Ludwig, der ab 1981 das Geschäft führte. Seit 2004 betreiben die Pächter der Sollner Filiale, Thomas und Sandra Ritz, auch das Familiencafé. Der markante, 1951 erbaute Pavillon in Solln, entworfen von Ludwig Reiber, wurde kürzlich von einer Bürgerinitiative vor dem Abriss gerettet, als er einem anderen Bauvorhaben weichen sollte.

Einige Cafébetreiber unter den Vertriebenen und Aussiedlern aus den ehemaligen deutschen Ostgebieten, die es nach dem 2. Weltkrieg in die bayerische Landeshauptstadt verschlagen hatte, gelang es, in der Stadt Fuß zu fassen und sich eine neue Existenz aufzubauen. Der Konditor Fritz Kreutzkamm kam um 1950 nach München. Er hatte das 1825 gegründete Stammhaus seiner Familie am Altmarkt in Dresden mit seinen weltweit bekannten Christstollen in 4. Generation geführt und den Bombenangriff am 13. Februar 1945, als ganz Dresden in Schutt und Asche versank, miterlebt. In der sächsischen Hauptstadt, die unter russische Verwaltung kam, war an einen Neuanfang nicht mehr zu denken. Nach vielen Stationen der Flucht und Gefangenschaft konnte Kreutzkamm eine Anstellung bei der US-Militärregierung in Bayern finden. 1951 eröffnete er in der Burgstraße das kleine Café „Guglhupf", das bis 1961 bestand. Nach den langen Jahren der Entbehrung war bei den Münchnern die Nachfrage nach Süßigkeiten groß. Die Feinkosthändler bestellten wieder bei „Kreutzkamm", und ein Reihe von Dresdner Kunden holte sich ihre Christstollen persönlich im Geschäft ab. 1954 übernahm er das angesehene, alte Münchner „Café Eyerich" in der Maffeistraße und führte darin die Dresdener Caféhaustradition seiner Familie fort. 1961 kam das Universitäts-Café „Monopteros" am Englischen Garten dazu; es entwickelte sich bald zu einem beliebten Treffpunkt für Studenten und Spaziergänger. Bald genügten die Betriebsräume nicht mehr den Anforderungen, und so entstand ein Neubau am Stadtrand von München. 1960 konnte man zusätzliche Räume in der Maffeistraße übernehmen. Das „Monopteros" wurde aufgegeben, das Betriebsgebäude erweitert und in der Maxburgstraße entstand ein neues Ladengeschäft. Nach dem Tod Kreutzkamms 1981 übernahmen seine Frau Friederike und Tochter Elisabeth den Betrieb. Es gelang ihnen, nach der Wende 1989 am Altmarkt in Dresden wieder ein Café zu eröffnen. Damit war ihre Firma wieder in der ehemaligen Heimatstadt vertreten. 1993 wurden Teile des ehemaligen Dresdner Backwarenkombinats erworben, so dass das Geschäft Kreutzkamm heute sowohl in München als auch in Dresden unter dem Namen „Dresdner Backhaus" produziert und unter diesem Namen seine Spezialitäten bis nach Übersee liefert. 2018 gehörten zu dem Unternehmen zwei Cafés in München (in der Pacelli- und Maffeistr.) und je eines in Dresden und am Tegernsee.

Die Heimatvertriebenen Karl und Hilde Beer gründeten 1955 das „Café Glockenspiel" am Marienplatz. Wie der Name schon verriet, war seine Hauptattraktion von Anfang an der Ausblick auf das gegenüberliegende Neue Rathaus, aus dessen oberstem Erker im Mittelturm das weltbekannte Glockenspiel seit 1908 täglich um die Mittagszeit und am Spätnachmittag erklingt und bis heute jedes Mal Scharen von Touristen anlockt.

Mit dem Herzogspaar, dem Hofmarschall sowie 16 weiteren Figuren und 43 Glocken stellt es die Hochzeit von Wilhelm V. mit Renate von Lothringen 1568 nach, bei der der bayerische Ritter seinen lothringischen Gegner im Ritterturnier auf dem Marienplatz besiegte. Eine Etage darunter wird der Tanz der Schäffler (= Fasshersteller) vorgeführt, denen man nachsagte, dass sie mit ihrem öffentlichen Auftritt die Bevölkerung in Pestzeiten ablenkten und beruhigten. Das Café der Familie Beer umfasste einen großen Raum im Chippendale-Stil mit Fensterfront zum Marienplatz, eine Bauernstube nach Egerländer Art, ein Barockzimmer mit großen Kristallspiegeln sowie ein Biedermeierzimmer, in dem ein Miniatur-Glockenspiel, ein Meisterwerk der Technik, hergestellt in Oberammergau, platziert war – zum Trost für alle, die im Hauptzimmer keinen Fensterplatz ergattern konnten. Dazu kam noch eine Hochterrasse an der Südseite des Hauses mit einer Aussicht auf den „Alten Peter“ und die Peterskirche. 1978 musste das Ehepaar aus Altersgründen das Café abgeben.

Am Marienplatz ist seit 1932 auch das „Café Rischart“ beheimatet, Mittelpunkt einer Bäcker- und Konditorendynastie, die 1883 von Max Rischart sen., der vom Starnberger See nach München kam, in der Isarvorstadt begründet wurde. Max Rischart jun. übernahm mit seiner Frau Luise 1906 das Geschäft und baute es aus. Ihre Tochter Marianne heiratete 1940 den ältesten Sohn und Chef der Großbäckerei Müller & Söhne auf der Schwanthaler Höhe, der für sie aus dem elterlichen Betrieb ausschied. Zusammen mit ihrem Ehemann führte sie das Unternehmen durch die Wirren des 2. Weltkrieges. Nachdem der Produktionsbetrieb in der Fraunhoferstraße und das Haus am Marienplatz im 2. Weltkrieg zerstört worden waren, fanden sich übergangsweise in der Hans-Sachs-Straße eine intakte Backstube und gegenüber vom Neuen Rathaus eine Behelfsbaracke, in der das Geschäft weitergehen konnte. 1955 konnten Marianne Müller-Rischart und ihr Mann Franz ihr Lokal am Marienplatz wieder eröffnen. Die „Süddeutsche Zeitung“ berichtete damals: „Trotz aller Modernität strahlt das neue Café eine einladende Gemütlichkeit aus.“ 1958 – zum 75-jährigen Betriebsjubiläum – waren bereits mehr als 100 Angestellte bei Rischart beschäftigt. Die 4. Generation, Gerhard Müller-Rischart und Elfriede, widmeten sich dem Ausbau des Geschäfts und des Etagencafés am Marienplatz. Eine Reihe von Filialen, z. B. am Viktualienmarkt, der Leopold- und der Neuhauserstraße, sowie eine hochmoderne Backproduktion in der Buttermelcherstraße kamen dazu. 2009 übernahm Magnus Müller-Rischart nach Ausbildung und Studium die Firma in fünfter Generation. Seine Aufgabe ist es, das traditionsreiche Familienunternehmen in die Zukunft zu steuern und die Balance zwischen Tradition und Moderne zu halten. Mit dem „Café Kaiserschmarrn" auf dem Münchner Oktoberfest konnte er bereits neue Ideen umsetzen.

Kaffeehandel und -preise nach dem 2. Weltkrieg

Nach der Währungsreform 1948 wurde in den drei Westzonen und in West-Berlin die Kaffeesteuer eingeführt. Sie betrug Anfang der 1950er-Jahre für Rohkaffee 10,– DM und für Röstkaffee 13,– DM pro Kilo. Diese Teuerung machte das Getränk für die meisten Verbraucher unerschwinglich und führte zu einem lebhaften Schmuggelverkehr an der niederländischen und belgischen Grenze. Nach einer Steuersenkung im Jahr 1953 stieg der offizielle Verbrauch wieder an. Der Handel mit Kaffee wurde jedoch bis 1955 staatlich reglementiert, und die Einfuhrmengen waren begrenzt, um Devisen zu sparen. Erst 1958 erreichte man in Westdeutschland mit einem Pro-Kopf-Verbrauch an Rohkaffee von 2,83 Kilo wieder den Stand von 1938. In den 1960ern wurde der Kaffeekonsum alltäglich. Mit dem gleichzeitigen Aufkommen neuer Vertriebswege durch die Supermärkte erreichten die Großröstereien eine marktbeherrschende Position. Von den 2.000 Betrieben in Westdeutschland, die 1950 noch Kaffee rösteten, existierten 20 Jahre später nur noch 350. Mit Eduscho, Melitta und Kraft Foods (dazu gehörte u. a. Jacobs, Kaffee HAG, Onko) entwickelte sich Bremen zum bedeutendsten deutschen Standort für Röstereien. In Mitteleuropa führend ist mittlerweile jedoch der 1949 gegründete Hamburger Tchibo-Konzern, der 1997 auch Eduscho aufkaufte.

Aufgrund des Kaffeesteuergesetzes werden Röstkaffee und kaffeehaltige Waren besteuert. Eine Petition zur Abschaffung dieser Steuer wurde im Jahr 2013 vom Deutschen Bundestag endgültig abgelehnt. Auf Röstkaffee fällt deshalb gegenwärtig eine Steuer von 2,19 €/kg, auf löslichen Kaffee eine Steuer von 4,78 €/kg an. Die jährlichen Einnahmen aus der Kaffeesteuer belaufen sich in Deutschland seit zehn Jahren relativ konstant auf jährlich rund 1 Mrd. Euro. Vom Kaffeepreis entfallen 44,9 % auf Steuern, Zölle und Frachtkosten, 23,7 % auf den Einzelhandel, 17,8 % auf Händler und Röster, 8,5 % auf Plantagenbesitzer und nur 5,1 % auf die Löhne der Arbeiter. In jüngster Zeit haben einige Hersteller begonnen, gemahlenen Röstkaffee mit bis zu 12 % Maltodextrin, Karamell sowie anderen Kohlenhydraten zu strecken. Die Hersteller Kraft Foods und Tchibo führen dafür geschmackliche Gründe an, doch bietet diese Vorgehensweise den Unternehmen erhebliche steuerliche Vorteile. Genauso verhält es sich mit der Verlagerung des Röstvorganges ins Ausland.

Neben der Theatinerkirche St. Kajetan, am Hof des ehemaligen Klosterkomplexes, gründete Eduard Arzmiller 1948 sein neues „Haus feinster Spezialitäten". Das Café erlangte bald große Beliebtheit als Oase der Ruhe und Entspannung in einer immer betriebsamer werdenden Einkaufswelt im Herzen München. Zu Arzmillers Spezialitäten zählen bis heute neben den verschieden gefüllten Strudeln v. a. die besonderen Varianten des Guglhupfs, die hier aus der Backstube kommen. Die rund 150 Jahre alten Zutatenlisten für den Mohn- und den Esterházy-Schokogugelhupf waren dem Sohn Oskar Arzmiller viel Geld wert. Er kaufte sie 1994 der österreichischen Köchin Beatrice Ludwig für 20.000 DM ab. Neben diesen kulinarischen Genüssen können die Gäste hier seit einigen Jahren auch die Werke Münchner Künstler entdecken, die in wechselnden Ausstellungen vorgestellt werden.

Wenige Jahre nach Kriegsende konnten die Cafés ihren Gästen wieder zunehmend kulturelle Veranstaltungsprogramme bieten. Im Café „Stadt Wien“ (Bayerstr. 27) wurde bereits Anfang der 1950er-Jahre wieder Unterhaltungsmusik mit Live-Auftritten geboten. 1952 war die Sängerin Rica Corell in einem Konzert von Richard Seyfferth zu hören; 1954 stellte der Komponist Peter Kreuder dort sein später sehr bekanntes Lied „An jedem Finger zehn“ vor. Auch das „Café Annast“ (Odeonsplatz 18) öffnete nach der Beseitigung der Kriegsschäden 1949 erneut. Ab 1950 bot es wieder ein anspruchsvolles Kabarett-Programm an, das oft vom Bayerischen Rundfunk übertragen wurde. Gustl Annast konnte 1960 ein dreifaches Jubiläum feiern: sein 50-jähriges Berufsjubiläum als Theaterleiter, 40 Jahre Kabarett der Humoristen im „Café Annast“ und – nicht zuletzt – das 185-jährige Bestehen des Cafés, das sich rühmen darf, das älteste, durchgängig bewirtschaftete Caféhaus Münchens zu sein – seit 1775! Die Annast-Hofgartenspiele entwickelten sich zum Magnet für Varieté-Künstler aus dem In- und Ausland. 1964 setzte sich das Ehepaar Annast zur Ruhe und verkaufte das Haus an den Wienerwald-„Hendlkönig“ Friedrich Jahn. Unter ihm wechselten die Pächter mehrfach. Ein Bürgerbegehren der Münchner verhinderte zunächst eine endgültige Schließung, nachdem das Gebäude beinahe der Bankenexpansion in den 1970er-Jahren zum Opfer gefallen wäre. Doch 1973 eröffnete das Café in modernisierten Räumen neu. 1997 wurde das Lokal von Andrea und Frank Waldecker übernommen und firmierte seitdem als „Luigi Tambosi“ wieder unter dem Namen des Italieners, der es zu Zeiten Ludwigs I. höchst erfolgreich geführt hatte. Die neuen Betreiber setzten ganz auf italienisches Flair und knüpften an die Theateraufführungen ihrer Vorgänger an, indem sie die Tambosi-Oper einführten, die jedes Jahr ab Mai auch als Open-Air-Veranstaltung unter den Hofgarten-Arkaden stattfand. Italienische Arien, vereint mit einem südländischen Kaffee- und Speisenangebot boten damit für den Münchner Norditaliener alles, was das „Dolcefarniente“ ausmachte. Der Gastraum, nach historischem Vorbild restauriert, reflektierte unter den

Waldeckers noch den Glanz vergangener Tage. Seit der jüngsten Erneuerung unter den Wirt-Brüdern Pino und Ugo Crocamo empfängt den Gast seit 2017 hier nun modernes Ambiente mit Barbetrieb im Erdgeschoss und Speiselokal im 1. Stock, dort, wo einst die Kabarettbühne stand. Unter den Linden im Hofgarten herrscht aber immer noch entspannte Parkstimmung, während man auf der Terrasse am Odeonsplatz nach wie vor in Gesellschaft von Münchner Prominenz die schönste Stadtatmosphäre mit den flanierenden Fußgängern vor der Kulisse der Residenz, der Feldherrnhalle und der prächtigen Theatinerkirche genießen kann.

Der „Tukankreis" begann nach dem Krieg, literarische Abende in seinen Stammcafés zu organisieren. Als 26-jähriger Student hatte der Lyriker Rudolf Schmitt-Sulzthal aus Franken 1930 in München seinen eigenen Verlag gegründet und ihn „Tukan" getauft, eine Bezeichnung, die angeblich aus einer Dichterrunde der Künstlerkneipe „Simplicissimus" herrührte. 1950, fünf Jahre nachdem der Verleger aus russischer Gefangenschaft zurückgekehrt war, fanden im einstigen Bohème-Café „Stefanie" die ersten Tukan-Veranstaltungen statt. Aber man zog damit bald in das „Café Freilinger" (Leopoldstr. 74) um. In der Folgezeit gab es zweimal monatlich Dichterlesungen, Diskussionsabende, Gedenk- und Festveranstaltungen aller Art, oftmals gemeinsam mit dem benachbarten Schwabinger „Seerosenkreis". Neben den alteingesessenen Autoren, wie z. B. Hans Brandenburg, Kurt Preis und Werner Hoferichter, lasen in den 1950er-Jahren u. a. viele Nachwuchsautoren, darunter der Journalist Walter Kolbenhoff, Emigranten wie der Ukrainer Hermann Kesten, der Hörspielautor Günter Eich, der jüdische Kritiker Max Brod, die Autorinnen Gerty Spies, Hilde Domin, Ilse Aichinger und Hans Werner Richter, der Ideengeber der „Gruppe 47". 1958 richtete der Kreis unter dem „Obertukan" Rudolf Schmitt-Sulzthal den Vierten Internationalen Schriftstellerkongress aus. Unter seiner Leitung wurde 1965 auch der Tukan-Preis als einer der ersten Kulturpreise Münchens ins Leben gerufen. Bis in die Gegenwart organisiert der Tukankreis, seit 1983 geleitet und gefördert durch den Verleger Dr. Hans Dieter Beck, in den verschiedenen Münchner Kultureinrichtungen und Cafés vielfältige literarische Veranstaltungen.

Ein typisches Lokal der 1950er-Jahre, das sich bis in die Gegenwart gerettet hat, ist das „Café Jasmin“ (Steinheilstr. 20) in der Maxvorstadt. Seine Interieur wird bestimmt durch Goldtapeten, Rüschenvorhänge, eine geschwungene, mit weißem Leder bezogene Bar, Resopaltische und lindgrüne Plüschsessel. Der Gastraum entstand 1955 nach Plänen der Dekorationsfirma Eugen Heiden und steht unter Denkmalschutz. Die Gründerin Irmin Bunje eröffnete ihr Lokal 1948 in einem Anbau des Künstlerhauses am Lenbachplatz. 1955 zog das „Jasmin“ in den Neubau an der jetzigen Adresse, wo es, nun edel eingerichtet, Kaffeeklatschrunden und Theaterbesucher anlockte. Irmin Bunjes „Kaffee Diplomat“ mit Sahne und Eierlikör war bei den Gästen eine beliebte Spezialität. Damals unterhielt oft ein Miniorchester die Gäste; Toast Hawaii, Strammer Max und Martini-Cocktails wurden von Bedienungen mit weißen Schürzen und Kellnern im Smoking serviert. Nach dem Tod der Wirtin im Jahr 2002 übernahmen Aleks Vulic und Chris Dengler das Lokal mitsamt dem historischen Interieur.

Eine große Bereicherung der Münchner Caféhausszene war auch das „Café Turmstüberl“ im „Valentin-Karlstadt-Musäum“, das sich in 14 Metern Höhe im Dachgeschoss des südlichen Isartorturms befindet. Es ist das einzige achteckige Café weit und breit und bietet durch die zahlreichen Fenster einen reizvollen Ausblick auf den Isartorplatz. Der Innenraum ist überbordend angefüllt mit sehenswertem Krimskrams bayerischer Herkunft. Die Decke und die Wände schmücken Erinnerungsstücke und Kuriositäten aller Art, darunter Bierkrüge, Musikinstrumente, Kuckucksuhren, viele Fotos in alten Rahmen, Sinnsprüche, Gedichte, Uhren, Spiegel und die von dem Bildhauer Franz Ringer geschaffenen Figuren schrulliger Münchner, z. B. dem „Finessensepperl“ (s. S. 59ff.), dem „Ewigen Hochzeitslader“, dem „Flinserlschlagerl“ und dem Lohnkutscher Krenkl, der einst der Überlieferung zufolge König Ludwig I. mit seinem Pferdegespann im Englischen Garten überholte, obwohl das strengstens verboten war. Vom Regenten deswegen zur Rede gestellt, meinte Krenkl selbstbewusst: „Majestät – wer ko, der ko!“ Besichtigen kann man hier u. a. auch den eisernen Spazierstock des Steyrer Hans, der wegen seiner legendären Stärke der „bayerische Herkules" genannt wurde. In die Einrichtung übernommen wurde der Stammtisch Karl Valentins aus dem nahe gelegenen „Torbräu"; daneben gibt es eine König-Ludwig-Ecke mit Bildern, Büsten, Tellern und Gläsern, auf denen das Porträt des Märchenkönigs prangt, sowie eine aus zahlreichen Exemplaren bestehende Pfeifensammlung. Die runden Marmortischchen, die elegant geschwungenen Thonet-Stühle und Garderobenständer stammen noch aus dem legendären Szenecafé „Stefanie", in dem einst die Altschwabinger Bohème verkehrte (s. S. 116ff.). Der Gründer des Valentin-Karlstadt-Musäums, Hannes König, entdeckte das ausrangierte Jugendstilmobiliar und brachte es hier unter. Zusammen mit Gudrun Köhl, der ersten Wirtin des „Turmstüberls", begründete er 1964 die „Münchner Volkssängerbühne", die bis heute besteht. Ab 2005 führte die Münchner Künstlerin Petra Perle das Café und belebte es mit neuen Veranstaltungen, wie z. B. dem „offenen Turmsingen". Ihre Kollegin Bernadette Obergrußberger übernahm 2012 die Nachfolge.

Die „süddeutsche Denk- und Lebensart und das bayerische Wesen in schriftstellerischen Arbeiten zu gestalten und zu dokumentieren" – diese Aufgabe stellte sich die Gruppe, die sich in diesem Café am 14. Oktober 1959, kurz nach der Eröffnung des „Musäums", zum ersten Mal traf. Nach dem Ort ihrer Gründung nannten sie sich „Münchner Turmschreiber". Neben deren Sprecher, dem Theaterleiter und Autor Hanns Vogel, gehörten u. a. der Schauspieler Ernst Hoferichter, der noch mit Valentin und Karlstadt zusammen auf der Bühne gestanden hatte, und der Humorist Eugen Roth zu den Mitgliedern der ersten Stunde. Diese Vereinigung, die jahrzehntelang sehr traditionell geprägt war und bis zur Jahrtausendwende ausschließlich Männer in ihre Runde aufnahm – darunter bekannte Romanautoren, Erzähler, Lyriker, Dramatiker und Satiriker, aber auch Historiker, Wissenschaftler, Volkskundler, Musiker und Journalisten –, erreichte bald einen großen Bekanntheitsgrad. Seit 1961 verleiht sie bis heute jährlich die Auszeichnung „Bayerischer Poetentaler" an Persönlichkeiten und Institutionen, die sich um Kunst und Kultur in Bayern herausragende Verdienste erworben haben.

Espresso, Cappuccino & Co

Bis Ende der 1950er-Jahre waren Espresso und Cappuccino nahezu unbekannt in Bayern. Ein Großteil der Land- und Stadtbevölkerung trank Ersatzkaffee, angereichert mit einem mehr oder weniger großen Anteil an Bohnenkaffee. Das gefilterte Getränk war einfach und günstig herzustellen und wurde in größeren Mengen konsumiert. Deshalb wurde dieser Kaffee im Hausgebrauch und in den einfachen Caféstuben oft nicht in kleinen Tassen, sondern in größeren „Haferln" serviert, die etwa zwei normalen Tassen entsprachen. Bis heute ist Filterkaffee, nun jedoch als reiner Bohnenkaffee, das Produkt, das man erhält, wenn man in Deutschland lediglich „Kaffee" bestellt. In den 1960er- und 1970er-Jahren kam mit den Arbeitskräften aus Italien auch die italienische Kaffeekultur wieder nach München. Neben neuen italienischen Restaurants entstanden nun viele Espressobars und neue Eiscafés. Das in den 1980ern von der Spider Murphy Gang besungene „Rialto" (Leopoldstr. 62) gehörte jedoch noch zu den alteingesessenen italienischen Eisdielen in München. Es wurde bereits 1936 von Familie Scotti gegründet. Nach dem Tod des Vaters 1981 führte die Tochter Margerita die Confiserie Scotti (Leopoldstr. 52) und das Café weiter. Seit 2003 befindet sich hier eine Filiale von „Café Rischart". Das „Venezia" (Leopoldstr. 31) wurde 1966 von Familie Giavi gegründet und sehr erfolgreich betrieben, so dass in der Folgezeit Filialen am Karlsplatz, Kurfürstenplatz, Rotkreuzplatz, Viktualienmarkt, Pariser Platz und in der Barer Straße entstanden. 2002 musste das Stammcafé in der Leopoldstraße einer Pizza-Kette weichen. Ein gleichnamiges Eiscafé existiert am Rotkreuzplatz 8 unter der Leitung der Familie Moretto. Es wurde 1950 in dem damals errichteten Nachfolgebau des einstigen königlichen Jagdschlösschens, das dem 2. Weltkrieg zum Opfer fiel, eröffnet und hat in den letzten Jahren für seine Produkte einige Auszeichnungen erhalten. Seit 1958 gibt es die Eisdiele „Adria" (Türkenstr. 59) in Schwabing unter italienischer Führung. Sie wurde in einer Zeit gegründet, als viele bayerische Familien zum ersten Mal in den Ferien mit dem eigenen Auto zum Camping in den sonnigen Süden reisten. Neben italienischen Kaffeespezialitäten, hausgemachtem Eis und Desserts vermittelt auch die nostalgische, vom Jugendstil angeregte Inneneinrichtung des Lokals mit großen Wandbildern und Spiegeln Urlaubsstimmung.

Am weitesten reichen die Wurzeln der Familie Sarcletti zurück. Schon vor über 130 Jahren verkauften ihre Vorfahren in München Eis. Konditor Michael Sarcletti führt seine Eiskonditorei mit bis zu 60 verschiedenen, teils sehr exotischen Sorten und einer umfangreichen Torten- und Kuchentheke am Rotkreuzplatz (Nymphenburger Str. 155) bereits in der 4. Generation. Das Handwerk der Speiseeisproduktion hat er von seinen Eltern gelernt. Um das Jahr 1880 fuhr sein Urgroßvater bereits mit einem mobilen Eiswagen durch München; 1906 eröffnete Peter Paul Sarcletti sein erstes Eiscafé in der Sendlinger Straße und war zwei Jahre später auch zum ersten Mal auf dem Oktoberfest vertreten. Sein Sohn Ludwig begründete dann 1921 den Pavillon am Rotkreuzplatz.

In den Traditionscafés, z. B. im „Café Luitpold", servierte man den Gästen in den 1960er-Jahren ebenfalls schon bald italienische Spezialitäten. Neuer Eigentümer des Gebäudeblocks in der Brienner Straße wurde der Münchner Unternehmer Curt M. Zechbauer, der ihn für seine Tochter Marika und seinen Schwiegersohn, den Konditor Paul Buchner, erwarb. Nach einem grundlegenden Umbau durch den Innenarchitekt Reinhard Riemerschmid, der im Stil funktionaler Sachlichkeit eine weiträumige Confiserie beim Haupteingang, nüchtern gestaltete Caféräume sowie ein Restaurant mit Grill-Bar nach amerikanischem Vorbild schuf, konnte 1962 die Neueröffnung stattfinden. Buchner kreierte zu diesem Ereignis eine eigene Hausspezialität, die siebenschichtige „Prinz-Luitpold-Torte", aus Baumkuchenscheiben zusammengesetzt mit dazwischen liegenden Schichten von Weinschaumcreme, überzogen mit Marzipan und einem Schokoladenguss. Schnell gewann das „Luitpold" wieder an Beliebtheit und wurde laut Journalist Siegfried Sommer alias Blasius „Das süße Herz der City" und Münchens „Café Wichtig". 1976 eröffnete man die Luitpold-Passage, die seitdem Maximilians- und Salvatorplatz miteinander verbindet. Eine große Auszeichnung erhielt das Lokal 1982, als es im „IN World

Guide“ unter die 20 besten Caféhäuser der Welt gewählt wurde. Veränderte Bedürfnisse und Ansprüche führten dazu, dass man vor 30 Jahren einen verkleinerten, lichtdurchfluteten Raum mit neuem Palmengarten schuf. Dessen 12 m hohe Glaskuppel erinnert an das einstige Palastcafé, in dem eine mit Fresken geschmückte Kuppel die Räume überspannte. Die Eigentümerfamilie Buchner ließ die bewegte Vergangenheit des „Luitpold“ wieder aufleben, indem sie eine eigene Schallplatte „Seinerzeit – Luitpold“ mit Aufnahmen berühmter Orchester der 20er- und 30er-Jahre herausbrachte und 2004 ein kleines Museum eröffnete, in dem anschaulich die Münchner Caféhauskultur von der Gründung des Lokals 1888 bis in die Gegenwart dokumentiert ist.

Unter der Regie von Buchners Tochter Tina Schmitz zeigt sich das Café seit 2010 wieder in einem veränderten Ambiente, das Weltoffenheit bei gleichzeitiger Bodenständigkeit vermitteln soll. Das Architektenduo Bernhard Demmel und Gerald Hadler hat den Hauptzugang, die Passage vom Palmengarten zur Brienner Straße, in Anlehnung an das Vestibül, das sich einst an selber Stelle befand, im historisierenden Stil und in der Erinnerung an das alte, großartige Palastcafé nachgestaltet. Die unter dem Pächter Dr. Stephan Meier seitdem angebotene Kaffee-Erlebniswelt will Tradition und Moderne verbinden und knüpft mit einem neuen Veranstaltungsprogramm an die Salonkultur des 19. Jhs. an, hat dabei aber aktuelle Themen und Fragestellungen im Blick.

Seit den 1970er-Jahren wuchs die Anzahl der Urlaubs-, Kultur- und Vergnügungsreisenden beständig; auch die Studenten und Besucher, die aus beruflichen Gründen zu Kongressen, Fachtagungen und Messen in die bayerische Metropole kamen, nahmen immer mehr zu. Der Tourismus wurde zu einem der wichtigsten Antriebskräfte der Wirtschaft in der Landeshauptstadt. Eine Vielzahl an neuen Firmen und Einrichtungen im Kulturbereich sowie in der Verlags-, Film- und Musikbranche entstanden, und der Bedarf an gastronomischen Betrieben stieg enorm. Rund um die Sehenswürdigkeiten und Party-Meilen, an den Einkaufsstraßen, Plätzen und Boulevards, in den Parks, Museen, Theatern, Bibliotheken und um die Universität wurden bestehende Cafés modernisiert und vergrößert und neue Lokale siedelten sich an.

Das „Stadtcafé" im Innenhof des Stadtmuseums am St. Jakobs-Platz ist nach Aussage des Pächters Hans Zürrlein, der das Lokal seit 1988 betreibt, vermutlich das dienstälteste Münchner Museumscafé (1983 eröffnet). Auf den mit rotem Leder bezogenen Polstermöbeln ruhten sich schon viele Mitarbeiter der „Abendzeitung" und der „Süddeutschen Zeitung" in ihren Pausen aus, als ihre Redaktionen noch um die Ecke lagen. Diese Zeit ist vorbei, doch das große Zeitungsangebot ist geblieben. Nebenan liegt das hauseigene Kino des Stadtmuseums, das ein ambitioniertes Programm bietet; deshalb verkehren hier auch viele Filmfreunde. Die Speisekarte orientiert sich oft am aktuellen Museumsprogramm und präsentiert z. B. zur „Typisch München!"-Ausstellung bayerische Gerichte, für die die Stadt besonders bekannt ist.

Der Vorgängerbau des Cafés „Münchner Freiheit" (Münchner Freiheit 20) am ehemaligen Feilitzschplatz (1933 in „Danziger Freiheit", 1946 in „Münchener Freiheit" umbenannt) in Schwabing wurde 1908 noch während der Zeit von Prinzregent Luitpold errichtet. 1966 übernahmen Karl und Lieselotte Eisenrieder das darin geführte kleine Ladencafé Waidecker. Da es bald zu beengt wurde, entstand kurz vor der Olympiade 1972 durch die Architekten Weiß und Magura ein extravaganter Neubau, in dem sich das moderne Lokal auf mehreren Etagen ausbreiten konnte. Das „CMF" stieg schnell zu einer Institution in Alt-Schwabing auf, zum Treffpunkt der Münchner Prominenz aus allen Sparten des Gesellschaftslebens. 1980 benannte sich die Musikband von Sänger und Keyboarder Stefan Zauner und Gitarrist Aron Strobel nach dem Café. Der Schauspieler Helmut Fischer, der u. a. hier Stammgast war, sitzt seit 1998 in seiner bekanntesten Rolle als „Monaco Franze" in Bronze gegossen – ein Kunstwerk des Münchner Bildhauer Nikolai Tregor (* 1948) – vor dem Lokal am Tisch bei einem Eisbecher, für dessen besondere Qualität das Haus bekannt ist. Mit Unterstützung der Söhne Charly und Max Eisenrieder und deren Familien kamen bis heute zehn weitere Filialen mit modernen Cafés in ganz München dazu.

Das „Café Schneller“ (Amalienstr. 59) ist ein traditioneller Familienbetrieb. Karl und Benedicta Schneller übernahmen 1925 die hier schon 1884 gegründete Konditorei. Die solide Einrichtung aus dem Jahr 1954 tat lange gute Dienste; 2002 wurde der Raum modernisiert und erweitert. Das Angebot blieb bis heute bodenständig und klassisch. Im Mittelpunkt stehen nach wie vor Kaffee und Hausmacher-Kuchen, die Konditormeister Simon Schneller in seiner Backstube vor Ort vielfach noch nach den handschriftlichen Rezepten seines Großvaters zubereitet. Aufgrund der Nähe zur Universität wird das Lokal bevorzugt von Studenten und Professoren frequentiert.

Ähnlich nostalgisch wie das „Café Jasmin“ aus dem 1950er-Jahren, aber ein bisschen jünger und an seinem Standort ein wahrer Ruhepol für den Publikumsmagneten, zu dem sich der Viktualienmarkt entwickelt hat, ist das „Café Frischhut“, alias „Schmalznudel“ (Prälat-Zistl-Str. 8) gegenüber der Schrannenhalle. Seit 1973 werden hier frisch gebackene „Auszogne“, Krapfen, Rohrnudeln mit wechselnder Füllung und Striezel zum Kaffee verkauft. Viele Einheimische und Studenten, die ihre Liebe zu Schmalzgebackenem entdeckt haben, sind in dem Lokal Dauergäste. Auch Touristen aus aller Welt schauen vorbei, um eine original bayerische Spezialität zu probieren und zuzusehen, wie die Teiglinge im Fett brodeln.

Zu den populärsten Adressen in Sachen Kaffee zählt in München das weltbekannte Feinkostgeschäft Alois Dallmayr, das als „Spezereien-Handlung“ begann und auf eine über 300-jährige Geschichte zurückblicken kann. 1870 erwarb der Kaufmann Alois Dallmayr aus Wolnzach (Hallertau) das Münchner Handelsunternehmen und verkaufte es 1895 an Anton Randlkofer, dessen Witwe und Nachkommen es ab 1897 weiterführten. Um 1900 erhielt das Geschäft den Titel eines königlich bayerischen Hoflieferanten und durfte das Kaiserhaus und den europäischen Hochadel zu seinen Kunden zählen. Aufgrund der Weltwirtschaftskrise 1929 wurde der Kaffeehandel als neues Standbein aufgebaut. Dafür war ab 1933 der Bremer Fachmann Konrad Werner Wille zuständig, der in der Folgezeit den Markenbegriff „Dallmayr Kaffee“ entwickelte. Das 1912 errichtete Geschäftshaus (Dienerstr. 14–15) wurde nach seiner völligen Zerstörung im 2. Weltkrieg 1948 in frühklassizistischem Stil wieder aufgebaut. 1960 entstand im Stadtteil Giesing die größte und modernste Kaffeerösterei Süddeutschlands. In dem 2006 neu geschaffenen, nostalgischen Ambiente des Feinkostgeschäfts befindet sich innerhalb des Delikatessen-Sortiments auch eine stilvolle Kaffeeabteilung, in der die verschiedenen Bohnensorten aus Nymphenburger Porzellanbehältern abgefüllt und auf Balkenwaagen abgewogen werden. Im 1. Stock erwartet den Besucher das elegante „Café-Bistro Dallmayr".

Eine neue Kneipenkultur

Die 1968er-Bewegung sorgte auch in München für ein alternatives Milieu, in dem neue Kneipen und Cafés entstanden und als kollektive Projekte geführt wurden. Das Ambiente war geprägt von Konsumverweigerung, von Postern und Slogans, die das politisch-ästhetische Programm zum Ausdruck brachten. Die meisten dieser Lokale gingen bald wieder unter. Erhalten haben sich aus dieser Zeit das „Café Ruffini" (Orffstr. 22–24), die „Osteria Baal" (Kreittmayrstr. 26) und das Wirtshaus „Fraunhofer" (Fraunhoferstr. 9). Das „Ruffini" wurde 1978 in der Zeit der Studentenbewegung als Kooperative ins Leben gerufen. Die acht Gründer realisierten das Konzept „Arbeiten ohne Chef" und wollten das Lokal im Stil einer italienischen „Cantina" führen. Es entwickelte sich zu einem großen Unternehmen, zu dem ein Café, eine hauseigene Bäckerei und Konditorei, ein Restaurant und ein Feinkostgeschäft mit aus Italien selbst importierten Spezialitäten aller Art gehören. Ein eigenes Kulturprogramm bietet den Gästen Kabarett, Jazz, Theater, Kino und internationale Autorenlesungen. Heute wird das „Ruffini" von 25 Gesellschaftern im Kollektiv betrieben. Es ist eines der erfolgreichsten alternativen Projekte in der Landeshauptstadt und Mitglied im Netzwerk München, einem Zusammenschluss selbstverwalteter Firmen.

Die Münchner Film-, Kabarett- und Musikszene bekam mit dem „Café Giesing" (Bergstr. 5; schon 1920 als „Café-Restaurant Giesing", später als „Bergstube" betrieben) einen neuen

Heute ist Kaffee nach Rohöl das zweitwichtigste Handelsgut auf der Welt. Für einige Entwicklungsländer, wie z. B. Osttimor, ist es die wertvollste Exportware. Die Kaffeeerlöse schwanken jedoch stark: Sie fielen von 14 Mrd. US-Dollar im Jahr 1986 (damalige Rekordsumme) auf knapp 5 Mrd. US-Dollar im Krisenjahr 2001/02. Die damalige sogenannte Kaffeekrise – sie dauerte mehrere Jahre – hatte negative Auswirkungen für die Kaffeeproduzenten. Weltweit arbeiten etwa 25 Mio. Menschen in Anbau, Verarbeitung und Vertrieb von Kaffee. Zusammen mit ihren Familienangehörigen leben schätzungsweise rund 100 Mio. Menschen vom Kaffee.

Insgesamt wurden 2013 weltweit rund 9 Mio. Tonnen Rohkaffee geerntet. Der größte Produzent ist Brasilien mit 3 Mio. Tonnen, gefolgt von Vietnam mit 1,5 Mio. Tonnen, Indonesien und Kolumbien mit je etwa 700.000 Tonnen, Indien, Honduras und Äthiopien mit je rund 300.000 Tonnen sowie Peru, Guatemala und Mexiko mit je rund 250.000 Tonnen. 70 % des Kaffees stammen aus kleinbäuerlichen Betrieben. Zumeist bleibt der geringste Anteil des vom Endverbraucher gezahlten Preises im Anbauland selbst, und davon wiederum nur ein kleiner Teil bei den Kaffeebauern und Plantagenarbeitern. Im fairen Handel, für den Kaffee das klassische Vorzeigeprodukt ist, wird versucht, die schwierige wirtschaftliche Lage der Produzenten im gesamten Handelsprozess zu berücksichtigen und zu verbessern.

Der extensive Kaffeeanbau ist mit großen Umweltschäden verbunden. Traditionell wurde Kaffee im Schatten großer Bäume angebaut. Weil die Reifezeit solcherart gezogenen Kaffees länger ist und pro Hektar weniger Pflanzen Platz finden, haben viele Kaffeebauern die Flächen gerodet und ziehen den Kaffee in großen Monokulturen unter freiem Himmel. Die Folgen sind Entwaldung, Rückgang der Artenvielfalt, bis zu 90 % weniger Vögel, zunehmende Bodenerosion, verstärkter Einsatz von Herbiziden, wodurch die schützende Vegetationsschicht der Böden vernichtet und die Wasserqualität im Umfeld von Kaffeeplantagen geschädigt wird. Diese negativen Auswirkungen auf die Umwelt wären deutlich geringer, wenn ökologische Notwendigkeiten berücksichtigt würden. Im Öko-Anbau ist der Einsatz von Pestiziden verboten, während gleichzeitig Maßnahmen zur Verhinderung von Bodenerosion getroffen werden müssen. Gleichzeitig lässt sich damit das Einkommen von Bio-Kaffeebauern stabilisieren. 2010 wurden ca. 6,5 % der weltweiten Kaffee-Anbaufläche ökologisch bewirtschaftet, wobei über 90 % dieser Flächen in Peru, Äthiopien und Mexiko lagen.

Wirkungskreis. Der Komponist, Schauspieler und Liedermacher Konstantin Wecker übernahm es 1984. Er wollte mit einem eigenen Lokal seine Idee, Studio, Bühne, eigenes Wohnzimmer und Café zu verbinden, realisieren und wurde dabei von seinem Freundeskreis, zu dem u. a. Dieter Hildebrandt, Gerhard Polt und Hannes Wader gehörten, unterstützt. Zehn Jahre lang war das „Giesing" ein Treffpunkt der Prominenz. Viele arrivierte Künstler, wie die Band Pur, Hubert von Goisern mit den Alpinkatzen, Franz Josef Degenhardt, die Kabarettistin Sissi Perlinger und der Schauspieler Hans Brenner, traten hier auf, für andere, wie Willy Astor, war die Giesinger Bühne ein Sprungbrett zum Erfolg. In den Räumen wurde auch die Filmmusik für „Kir Royal" aufgenommen. 1985 übernahmen die Wirtin Iris Holste und Fritz Otto, Mitbegründer der legendären Jazz-Kneipe „Unterfahrt" am Haidenauplatz, das Café und führten es im Sinne des Gründers mit einem umfangreichen Kulturangebot weiter. 2012 mussten die Betreiber das Café am alten Standort schließen und eröffneten es im ehemaligen Giesinger „Kult(ur)café" (Tegernseer Landstr. 96) neu; vier Jahr später schloss es jedoch endgültig.

Eine der ersten unkonventionellen Szenekneipen der 1980er-Jahre war das „Baader-Café" (Baaderstr. 47), eine Zuflucht alternativer Subkultur im Gärtnerplatzviertel. „Das war der einzige Ort, wo man sich traf. Da gab es keine Wahl. Vor allem war es der unpeinlichste Ort", beurteilte Thomas Meinecke, Radio-DJ des Jugendmagazins „Zündfunk" im Bayerischen Rundfunk, der ab 1977 in München studierte, das Lokal. Hier verkehrten damals Studenten und Professoren,

Kaffeetrinker weltweit

Die bedeutendsten Abnehmerländer für Kaffee sind die USA, Deutschland, Frankreich, Japan und Italien. An der Spitze des weltweiten Kaffeekonsums lagen 2017 die Finnen, gefolgt von den Niederländern, Schweden, Dänen, Norwegern, Österreichern, Italienern und Deutschen. Jeder Einwohner Finnlands konsumierte 2017 durchschnittlich knapp 10,35 kg Kaffee, was insgesamt 1310 Tassen pro Jahr bzw. 3,6 Tassen pro Tag und Person entspricht. In Deutschland belief sich der Konsum auf 6,65 kg Kaffee pro Einwohner, also rund 830 Tassen pro Jahr oder 2,3 Tassen am Tag. Damit ist Kaffee noch vor Bier das beliebteste Getränk der Deutschen.

Die gesundheitlichen Aspekte des Kaffeegenusses stehen im Zusammenhang mit seinem Konsum immer wieder im Mittelpunkt von Untersuchungen. Lange Zeit galt Kaffee eher als gesundheitsschädlich. Er stand unter dem Verdacht, Herzkreislauferkrankungen, v. a. Herzinfarkte, zu begünstigen. Neue medizinische Langzeitstudien, über die 2017 berichtet wurde, ergaben hingegen, dass unter Kaffeetrinkern die Sterblichkeit geringer sei, oder anders ausgedrückt: Kaffeetrinker leben länger. Kaffee enthält nicht nur Koffein, sondern eine Vielzahl an Wirkstoffen, wie z. B. Flavonoide, denen immer wieder ein gesundheitsfördernder Effekt nachgesagt wird. Einer anderen Studie des an der University of Scranton tätigen Chemikers Joe Vinson zufolge dient Kaffee, neben dem traditionellen Verzehr von frischem Obst und Gemüse, als wichtige Quelle von Antioxidantien. Dabei handelt es sich um sekundäre Pflanzeninhaltsstoffe, die indirekt das Krebsrisiko verringern.

Künstler und Philosophen, Homo- und Heterosexuelle. Der Andrang soll oft so heftig gewesen sein, dass man kaum mehr zur Tür hineinkam. Das erste Interieur des kleinen Cafés, das zwei riesige Fenster zur Straße hin hat, bestand aus einer mit weißen Kacheln gefliesten Theke, davor standen ein paar dunkle Barhocker; die Wände waren im unteren Bereich ockerfarben getäfelt und man saß auf weißen Plastikklappstühlen vor weißen, runden Plastiktischen. Mitte der 90er-Jahre wechselte man zu dunklen Marmor-Tischplatten, schwarzen Ledersitzbänken und Stühlen aus Chrom und Holz vor sonnengelben Wänden. Der Raum wurde mehrfach zum Drehort, z. B. 2006 in „Shoppen" von Ralf Westhoff, und hinterließ seine Spuren in der Münchner Musikszene: Das Lied „Planet der Affen" auf dem Album „In Zeitlupe" der Band Monostars (1997) ist z. B. nach dem Wandbild des Cafés benannt. Das Lokal war auch schon in Comics vertreten und agierte als Namensgeber im Sportbereich. Noch heute stehen in der Bar zahlreiche Pokale des Baader-Cups, der damals unter Freizeit-Fußballmannschaften ausgetragen wurde. Nachdem sich die Gegend mittlerweile größtenteils zum In-Viertel entwickelte, gilt das Café heute als eine der letzten Zufluchten alternativer Intellektuellenkreise in München.

Trends der letzten Jahre

Um das Jahr 2000 verbreitete sich in München eine Vorliebe für eine neue Art von Kaffeegetränk, das damals schon seit geraumer Zeit in amerikanischen und englischen Coffeeshop-Ketten erhältlich war: „flavoured coffee", das heißt, aromatisierter Röstkaffee in verschiedenen Geschmacksrichtungen, wie z. B. Minze, Karamell, Vanille etc. Noch bevor die einschlägigen Firmen aus den USA in der Stadt Fuß fassen konnten, entstanden bayerische Unternehmen, die diese Mode aufgriffen und umsetzten. Die „San Francisco Coffee Company" (SFCC) und die „Coffee Fellows" sind zwei 1999 gegründete Münchner Gesellschaften, die auf Bioprodukte, Nachhaltigkeit und fairen Handel mit den Entwicklungsländern setzen. Der erste Standort von SFCC wurde im Münchner Viertel Lehel in der Liebigstraße eröffnet. Heute betreibt die Firma sechs Lokale in München, fünf im restlichen Bayern, in Berlin und Stuttgart sowie ein Café in Abu Dhabi. Ausgangspunkt für „Coffee Fellows", eine Gründung von Kathrin und Dr. Stefan Tewes, die bei einem Aufenthalt in London dazu inspiriert wurden, war die Eröffnung des ersten Lokals in der Leopoldstr. 70. Das Unternehmen expandierte rasch; bis Ende 2017 entstanden rund 200 Cafés in München und ganz Deutschland, in Österreich, der Schweiz und den Beneluxländern. Für die Firma mit Zentrale in Unterföhring sind mittlerweile rund 1.200 Mitarbeiter tätig.

Der bekannteste amerikanische Coffeeshop-Betreiber „Starbucks", 1971 in Seattle gegründet, eröffnete 2004 seine erste Filiale in der Leopoldstraße und besitzt gegenwärtig zehn Lokale in München. Er ist benannt nach dem Steuermann Starbuck aus Herman Melvilles berühmten Roman „Moby Dick" und will auf diese Weise an die Seefahrertradition der ersten Kaffeehändler erinnern. Dem bald weit verbreiteten Coffee-to-go-Becher – Begleiterscheinung eines immer hektischer werdenden Arbeitsalltags – verpasste man erstmals bei „Starbucks" den Deckel mit Wölbung, um Platz für den Milchschaum zu schaffen. Nachdem die Einwegbecher jedoch mittlerweile ein großes Abfallproblem darstellen (2017 fielen in München täglich rund 200.000 Stück an), startete die Stadt jüngst eine umfangreiche Kampagne zur Müllvermeidung und fördert nun den Gebrauch von Mehrweg- und Pfandbechern.

Seit einigen Jahren entstehen auch in München vermehrt kleine, exklusive Röstereien. Sie produzieren besonders hochwertige Röstkaffeesorten, die nur in begrenzten Mengen anfallen. Oft haben deren Betreiber die Vorzüge des alten Trommelrösters wiederentdeckt, v. a., da viele der zum Teil 100 Jahre alten, aber sehr robusten Geräte noch betriebsfähig sind. In den angeschlossenen kleinen Cafés werden die frisch gerösteten Bohnen aufgebrüht und serviert. Das Geschäft „Schneid-Kaffee" (Feldmochinger Str. 378) wurde bereits 1955 gegründet. Lange Zeit besaß es die einzige noch in München verbliebene Röstanlage, abgesehen vom Großbetrieb Alois Dallmayrs. Wie bei den übrigen Kleinröstereien praktiziert man hier Langzeitröstung bei vergleichsweise niedrigen Temperaturen. Die Bohnen müssen auf mindestens 200 Grad erhitzt werden, damit sich ihr Aroma entfalten kann und das in den Bohnen gespeicherte Wasser verdampft. Dadurch verdoppelt sich ihr Volumen und sie verlieren bis zu 20 % ihres Gewichts. Zucker und Eiweiße bzw. Aminosäuren reagieren miteinander und erzeugen die charakteristischen Röstaromen. Großröstereien benutzen Fließbett-Röster, in denen die Bohnen in bis zu 500 Grad heißer

Luft schweben und im Wirbelschichtverfahren beständig durchmischt werden. Dadurch erfolgt eine gleichmäßige Röstung in sehr kurzer Zeit. Während herkömmliche Kaffeebohnen aus dem Supermarkt meist in nur zwei oder drei Minuten bei großer Hitze auf die richtige Farbe gebracht werden, braucht man bei dem aufwendigeren Verfahren dafür erheblich länger. Jeder einzelne Röstvorgang wird an die jeweilige Ausgangskaffeesorte angepasst und per Hand gesteuert. Das ist zwar viel zeit- und kostenintensiver, aber dafür schonender und sorgt für ein hochwertigeres Produkt. Schwierig bleibt dabei die Preisgestaltung auf einem hart umkämpften Markt, auf dem sich die Kleinbetriebe neben Kaffeegiganten wie Tchibo, Melitta oder Jacobs behaupten müssen. „Schneid-Kaffee" überstand die schwierigen 1970er-Jahre, in denen die zunehmende Konzentration großer Firmen und der damit verbundene Preiskampf das Ende für viele kleine Röstereien bedeuteten. Seit 1992 wird das Geschäft von der Tochter des Gründers, Vera Schneider, mit ihrem Mann Manfred geführt. Weitere Münchner Kleinröstereien mit Cafés sind beispielsweise das „Mahlefitz" (Nymphenburger Str. 51), das eine spezielle Form des Heißluftröstens anwendet, die einen besonderen Geschmack erzeugt, seit 2011 die mitten in Schwabing gelegene „DelMocca Kaffeerösterei & Kuchenbar" (Clemensstr. 20), außerdem das „gangundgäbe" (Kapuzinerstr. 12), sowie im Süden von München das „Fausto" (Birkenleiten 41), alle im italienischen Stil.

Münchens Café-Szene hat in den letzten Jahren erheblich an Vielfalt gewonnen. Viele kreative Betreiber eröffneten neue Lokale mit individuellem Ambiente und regionalen, oft hausgemachten Produkten. Darunter befinden sich nicht wenige Idealisten, die Authentizität und einen nachhaltigen Lebensstil vermitteln wollen. Im „Café Blá" (Lilienstr. 34) trifft man auf isländische Kaffeekultur, der „Gartensalon" (Türkenstr. 90, in der Amalienpassage) bietet eine grüne Oase hinter Betonfassaden, „Buch & Café Lentner" (Balanstr. 14), „Buch & Bohne" (Kapuzinerpl. 4), das „Café Fräulein" (Frauenstr. 11) und das „Café Lotti" (Schleißheimerstr. 13) setzen der Anonymität der Großstadt bewusst Achtsamkeit im Umgang und Wohlfühlatmosphäre entgegen. Spezielle Rundum-Angebote für die

Bedürfnisse junger Familien entwickelten das „Café Zuckertag" (Ehrengutstr. 10), „Café de Bambini" (Marktstr. 7) und „Café Glückskind" (Seeriederstr. 9).

Neuen Unterhaltungswert für Stadtbewohner haben Cafés, die den Kontakt mit Haustieren ermöglichen. Der „Katzentempel" (Türkenstr. 29) eröffnete 2013 in München und war das erste Katzencafé Deutschlands, dem bald in vielen Großstädten weitere folgten. Er bietet neben Kaffee und kulinarischem Angebot die Gesellschaft mehrerer Samtpfoten an, die man beobachten und streicheln kann. Die Betreiber engagieren sich für das Tierwohl und informieren ihre Gäste über aktuelle Tierschutzthemen. Die Katzen stammen aus Tierschutz-Einrichtungen und die Speisekarte konzentriert sich auf vegetarische Gerichte.

Heutzutage sind in München alle möglichen Varianten an Caféhäusern vertreten. Die schon oft gemachte Prophezeiung, dass ihre Zeit nun bald vorbei sei, hat sich bislang stets als Irrtum erwiesen. Blickt man zurück auf die Anfänge dieser Lokale und ihre über 300-jährige Geschichte bis in die Gegenwart, kann man erkennen, dass sie stets Spiegelbilder des jeweils herrschenden Zeitgeistes waren. Das Café als gastgewerbliche und kulturelle Institution orientiert sich heute wie damals an den ökonomischen und gesellschaftlichen Entwicklungen der Zeit und erfüllt die gesellschaftlichen Funktionen, die gerade gefragt sind. Die Fülle der Möglichkeiten wandelt sich dabei stetig. Caféhäuser verändern ihr Äußeres und ihre innere Struktur, die Inhaber reagieren auf neue Bedürfnisse, schaffen modernen Service an und alte Formen ab. Das Cafégewerbe muss und hat sich stets etwas einfallen lassen, um konkurrenzfähig zu bleiben. Immer wieder tot gesagt, immer wieder den wechselnden aktuellen Herausforderungen angepasst, bestätigt sich doch stets aufs Neue: Das Caféhaus lebt!

Caféhäuser in München – eine Chronologie

1679–1726	Die Münchner Hofgesellschaft unter Kurfürst Max II. Emanuel konsumiert Kaffee.
um 1700	Erstes Bilddokument eines Münchner Caféhauses in der heutigen Residenzstr., ab 1699 im Besitz des Hofzuckerbäckers Claudi Surat.
1704/06	Zwei Kaffeesieder werden erwähnt.
1708	Der Münchner Stadtrat geht gegen illegale Caféhäuser vor; offiziell sind drei Kaffeesieder gemeldet.
1722	Das Privileg des Kaffeesiedens darf nur noch durch die kurfürstliche Regierung erteilt werden; es wird an ausscheidende Hofbedienstete verliehen.
1726	In München sind sieben Kaffeeschänken verzeichnet.
1727	Die Weingastgeber fordern von Kurfürst Karl Albrecht das Verbot der Caféhäuser.
um 1750	In der Kaufingerstr. bestehen zwei größere Caféhäuser: das „Café zum Mohren" und das „Türkische Café".
1774	Der Hofbedienstete Giovanni P. Sarti betreibt einen Kaffeeausschank im Hofgarten.
1781	G. P. Sarti eröffnet am Hofgartentor das erste italienische Café, das bald zum Mittelpunkt der Gesellschaft wird; 1784 Vergrößerung des Gebäudes.
1782	Offiziell sind 18 Kaffeesieder, alle mit Hofschutz, gemeldet; außerdem soll es über 50 illegale Caféhäuser geben.
1786	Der ehem. Hofmaschinist Joseph Gallmayr eröffnet am Rindermarkt ein Café.
1796	Nach G. P. Sartis Tod übernimmt Aloysia Lampert das Caféhaus am Hofgarten und verkauft es 1808; es kommt in den Besitz der Kurfürstin-Witwe Maria Leopoldine. Im „Thürlbad" am Pfisterbach ist ein Café nachweisbar.
1804	Offiziell 31 Cafés gemeldet; die Berufe der Kaffeesieder und der Cafébetreiber werden zu einem Gewerbe vereinigt und die Hofschutzbefreiung aufgehoben. Cafébesitzer dürfen nun eine umfangreiche Getränke- und Speisekarte führen; für den Bierausschank gibt es eine Mengenbeschränkung.
1810	Luigi Tambosi übernimmt mit seiner Frau Augustine das Café am Hofgarten, das zur ersten Adresse in München wird; 1825 zieht es in das neue Bazargebäude um; bis 1868 steht es unter der Leitung der Familie.
1825	Der Zunftzwang wird formell beseitigt.
1835	Laut Gewerbestatistik gibt es 35 Kaffeeschenken in München. Der erste kritische Münchner „Café-Führer" sowie Lewalds „Panorama von München" bewerten viele Cafés als mangelhaft.
1845	Im Münchner Adressbuch sind 62 „Kaffetiers" verzeichnet.

1868	Einführung der Gewerbefreiheit in München.
1850/60	Die ersten Konditorei-Cafés entstehen. Frauen dürfen sich nun auch ohne männliche Begleitung in den Damenzimmern vieler Cafés aufhalten.
1856	Eröffnung des „Café Probst“ mit nobler Ausstattung.
1867	Das Münchner Adressbuch nennt 65 „Kaffetiers“.
1888	Eröffnung des ersten Luxuscafés „Luitpold“.
1891	Eröffnung des „Café Orient“.
1892	München besitzt über 80 Luxuscafés und unzählige kleinere Kaffeeschänken.
1893	Eröffnung des noblen „Café Prinzregent“. Zahlreiche Weltstadt-Cafés kennzeichnen den Aufschwung Münchens zur Metropole. Gleichzeitig entstehen preiswerte Kaffeehallen für Arbeiter und Angestellte.
1895	Es gibt 236 Cafés in München.
1896	Das Wiener „Café Stefanie“, Treffpunkt der Münchner Bohème, eröffnet.
1899	Café-Restaurant „Leopold“ mit Kabarett (ab 1900) eröffnet.
1905	Das erste Konzertcafé, „Café Modern“, eröffnet.
1911	Das luxuriöse „Grand Café Fürstenhof“ eröffnet.
1913	Es gibt über 240 Cafés in München.
1914	Im Laufe des 1. Weltkriegs geht der Kaffeekonsum stark zurück.
1917	Im „Café Perzel“ am Marienplatz wird die Volkssängerbühne eingerichtet.
1920	Das ehem. „Café Tambosi“ wird von Anna und Gustl Annast übernommen und mit Kleinkunstbühne betrieben.
1923	Rückgang auf knapp 170 Cafés; im „Café Luitpold“ wird das Kännchen Mokka-Kaffee zu 550,– Mark Inflationspreis angeboten.
1930	Im „Café Luitpold“ eröffnet das erste große Boulevardcafé der Stadt. In München sind 272 Kaffeebetriebe gemeldet: 103 Konditoreicafés, 94 Café-Restaurants und 75 einfache Kaffeeschänken.
1933	Durch die Machtübernahme der Nationalsozialisten wird die Kaffeehauskultur ärmer, da politische Gegner, Juden und Freigeister aus dem öffentlichen Leben ausgeschlossen werden.
1936	Das „Café Rischart“ am Marienplatz eröffnet.
1945	Nach dem 2. Weltkrieg sind viele Cafés unwiderruflich zerstört. Die Münchner trinken gezwungenermaßen v. a. Ersatzkaffee.
1948	Die Statistik verzeichnet bereits wieder 1000 Bier- und 50 Weinlokale, sowie 240 Cafés. Neueröffnung des „Café Arzmiller“ im Theatinerhof.
1949	Neueröffnung des „Café Annast“ am Hofgarten.
ab 1952	„Tukankreis“ veranstaltet Autorenlesungen im „Café Freilinger“.
1954	Gründung des „Konditorei-Café Kreutzkamm“.

1955	Gründung des „Café Glockenspiel“ am Marienplatz.
1958	In München sind über 200 Konditoreicafés gemeldet.
1959	Das „Café Turmstüberl“ im südlichen Isartorturm eröffnet.
1960	Paul und Marika Buchner erwerben den Luitpoldblock und modernisieren das „Café Luitpold“.
1978	Gründung des „Café Ruffini“ als Kooperativ-Unternehmen.
1982	Im „IN World Guide“ wird das „Café Luitpold“ unter die 20 besten Kaffeehäuser der Welt gewählt.
1999	Gründung der Münchner Coffeeshop-Ketten „San Francisco Coffee Company“ und „Coffee Fellows“.
2004	Eröffnung der „Sammlung Café Luitpold“ mit Dokumenten zur Münchner Caféhauskultur seit Ende des 19. Jhs.
2006	Das Delikatessengeschäft Dallmayr in der Dienerstraße erhält ein modernes Café-Bistro.
2013	Das „Café Katzentempel“, das erste Katzencafé Deutschlands, eröffnet in der Türkenstraße.
2018	Das Branchen-Telefonbuch „Gelbe Seiten“ verzeichnet in München über 350 Caféhäuser.

Register der Cafés

Die kursiv gesetzte Seitenzahlen weisen auf Abbildungen hin.

Literatur in Auswahl

Die bei den einzelnen Lokalen zitierten „Gstanzln" sind entnommen dem „Humoristischen Wegweiser durch die Wirtschaften, Kaffeehäuser, Weinhandlungen und Hotels von München und Umgebung, gesammelt und herausgegeben von J. Fortner", München 1892.

Adressbuch von München für das Jahr 1867. Nach amtlichen Quellen bearbeitet von M. Siebert, München 1867.

ALBRECHT, PETER: Die „Caffe-Menscher" im 18. Jh., in: Ulla Heise/Beatrix Frfr. von Wolff Metternich (Hg.): Coffeum wirft die Jungfrau um, Leipzig 1998, S. 36–47.

ALLMANN, OSKAR U. A.: Geschichte der deutschen Bäcker- und Konditorbewegung, Hamburg (1910).

ALTMANN, LOTHAR: Tafelgeschirr des 18. Jhs. Nymphenburger Porzellan, München 1994.

ANTI-TISSOT (VICTOR TISSOT): München und die Münchener. Eine Beleuchtung der bayerischen, insbesondere Münchener Zustände. München 1876.

AUER, EMIL: München im Jahr 1868. Neuestes Taschenbuch für Fremde und Einheimische, München 1868.

BACH, UTTA: Die Anfänge der „Churbayerischen" Porzellanmanufaktur in Neudeck und Nymphenburg, in: Franz Anton Bustelli. Nymphenburger Porzellanfiguren des Rokoko, hg. v. Renate Eikelmann, Bayerisches Nationalmuseum München, München 2004, S. 15–28.

BAUER, RICHARD (HG.): Zu Gast im alten München: Erinnerungen an Hotels, Wirtschaften und Cafés, bearb. von Eva Maria Graf und Erwin Münz, München 1982.

BAYERISCHES LANDESAMT FÜR DENKMALPFLEGE: Liste der Baudenkmäler in München (Stadt): http://geodaten.bayern.de/denkmal_static_data/externe_denkmalliste/pdf/denkmalliste_merge_162000.pdf

BERNHARD, JULIUS: Reisehandbuch für das Königreich Bayern und die angrenzenden Länderstriche, besonders Tyrol und Salzkammergut. mit besonderer Rücksicht auf Geschichte, Topographie, Handel und Gewerbe, Stuttgart 1868.

BUTRY, WALTER (HG.): München von A bis Z – 800 Jahre München in Wort und Bild, München 1958.

CARMEN, FRITZ: Grüß Gott in München! Ein humoristischer Wegweiser für Fremde und Einheimische, Ansbach 1888.

COHEN, ARTHUR: Die Lohn- und Arbeitsverhältnisse der Münchner Kellnerinnen, in: Archiv für Sociale Gesetzgebung und Statistik, Vol. 5, München 1892, S. 97ff.

DAXENBERGER, SEBASTIAN FRANZ VON: Münchener, Hundert und Eins, 2 Bde., München 1840/41.

EBNET, WERNER: Sie haben in München gelebt. Biografien aus acht Jahrhunderten, München 2016.

FABER, RICHARD: Franziska zu Reventlow und die Schwabinger Gegenkultur, Köln–Weimar–Wien 1992.

FÖRSTER, ERNST: München. Ein Handbuch für Fremde und Einheimische mit besonderer Berücksichtigung der Kunstschätze dieser Residenz-Stadt und der Ausflüge in die Umgebung und ins bayrische Gebirge, München 1858.

FORTNER, J.: Humoristischer Wegweiser durch die Wirthschaften, Kaffeehäuser, Weinhandlungen und Hotels von München und Umgebung, München 1892.

GLÜCKSMANN, ROBERT: Das Gaststättenwesen, Stuttgart 1927.

GRAF, MARGARETE: München. Literarische Streifzüge, München 2009.

GRAF, HERBERT: „In München war's im Café Stefanie". Erinnerungen an ein (fast) vergessenes Kaffeehaus, in: Machtspiele und Ambivalenzen. Schach und Kultur in den 30er-Jahren des 20. Jahrhunderts, München 2014, S. 56–58.

GÖTZ, NORBERT / SCHACK-SIMITZIS, CHRISTINE / SCHICKEL, GABRIELE: Die Prinzregentenzeit. Katalog Münchner Stadtmuseum, München 1988.

HAUNTINGER, JOHANN NEPOMUK: Reise durch Schwaben und Bayern in Jahr 1784, Weißenhorn 1964.

HEINE, EDWIN: Münchener Kaffeehaus-Leben, in: über Land und Meer, Bd. 3, Stuttgart–Leipzig–Berlin–Wien 1892/93, S. 339–341.

HEISE, ULLA: Kaffee und Kaffeehaus. Eine Kulturgeschichte, Hildesheim 1987.

HEISERER, DIRK: Wo die Geister wandern. Literarische Spaziergänge durch Schwabing, München 2008.

HENDLMEIER, WOLFGANG: Kaffeehäuser in München, 2017: ariatio-delectat.com/72Kaffeehaeuser_in_Muenchen.pdf

HEYDENREUTER, REINHARD: Kleine Münchner Stadtgeschichte, Regensburg 2012.

HOLME, KERSTIN: Orientalisierende Bauten der Kaffeehäuser und Badeanstalten in Deutschland. Geschichte zweier Baugattungen im 19. Jh. (Hochschulschrift, Mikroform), 2010.

HOLLWECK, LUDWIG: In München Anno 1782. Verfaßt von dem Münchner Professor Lorenz Westenrieder. Mit kritischen Bemerkungen des Berliners Friedrich Nicolai, notiert während seiner Reise 1781. Zusammengestellt und mit einem Nachwort versehen von Ludwig Hollweck, München 1970.

HORN, ERNA: Bayern tafelt. Vom Essen und Trinken in Altbayern, Franken und Schwaben. Eine kulinarische Kulturgeschichte, München 1980.

HÜBNER, LORENZ: Beschreibung der kurbaierischen Haupt- und Residenzstadt München, München 1803.

JACOB, HEINRICH EDUARD: Kaffee. Die Biographie eines weltwirtschaftlichen Stoffes, München 2006.

JÜNGER, WOLFGANG: Herr Ober – ein' Kaffee! Illustrierte Kulturgeschichte des Kaffeehauses, München 1955.

KAGERER, BARBARA / HEBINGER, YVES / SCHNEIDER, CHRISTIAN: Süßes München. Cafés, Konditoreien, Restaurants und mehr, Neustadt an der Weinstraße 2007.

KLUG, FRANZ: München abseits der Pfade. Eine etwas andere Reise durch die Weltstadt mit Herz, Wien 2016.

KNEDLIK, MANFRED: Aufklärung in München. Schlaglichter einer Aufbruchszeit, Regensburg 2015.

KRAUSS-MEYL, SYLVIA: Das „Enfant terrible" des Königshauses. Maria Leopoldine, Bayerns letzte Kurfürstin, Regensburg 2013.

KRIEGER, MARTIN: Kaffee. Geschichte eines Genussmittels, Köln–Weimar–Wien 2011.

LEWALD, AUGUST: Panorama von München, Stuttgart 1835.

LUMMEL, PETER (HG.): Kaffee. Vom Schmuggelgut zum Lifestyle-Klassiker, Berlin–Brandenburg 2002.

MAYER, CHRISTIAN: Wo der Finessensepperl umgeht ... Das Café Tambosi .., in: Süddeutsche Zeitung Edition, München 2008, S. 200f.

MENNINGER, ANNEROSE: Genuss im kulturellen Wandel. Tabak, Kaffee, Tee und Schokolade in Europa (16.–19. Jh.), Stuttgart 2004.

MONACENSIA LITERATURARCHIV UND BIBLIOTHEK: Münchner Kaffeehaustradition: https://www.literaturportal-bayern.de/themen?task=lpbtheme.default&id=172.

MORIN, FRIEDRICH: Neuester Wegweiser durch München und seine Umgebungen für Fremde und Einheimische, München 1857.

München – Stadt der Künste, Kulturgeschichte vom Mittelalter bis heute, München 2013.

München im Jahre 1858: Neuestes Taschenbuch für Fremde u. Einheimische, München 1858.

MUTSCHELKNAUS, KATJA: Kaffeeklatsch. Die Stunde der Frauen, München 2008.

PERLE, PETRA: Das Turmstüberl – eine Oase in der Münchner Innenstadt voller vergnügter Geister, in: An Jedem Eck a Gaudi. Karl Valentin, Liesl Karlstadt und die Volkssänger (Edition Bayern, Sonderband 4, Hg.: Haus der Bayerischen Geschichte in Zusammenarbeit mit dem Valentin-Karlstadt-Musäum München), Augsburg 2011, S. 159.

PRAETORIUS, RUDOLF: Von Pietro Sardi-Tambosi bis Gustl Annast. Festschrift, München 1990.

Reiser, Rudolf: Alte Häuser – Große Namen, München 2009.
Rittershausen, Joseph Sebastian von: Merkwürdigkeiten der Residenzstadt München, München 1787.
Rösch, Marlene: Cafés in München. Kaffeehausführer von Plüsch bis Pop, München 1986.
Ruederer, Josef: München, München 1907.
Schattenhofer, Michael: Von Kirchen, Kurfürsten & Kaffeesiedern etcetera. Aus Münchens Vergangenheit, München 1974. – Ders.: Dall'Armi, Andreas Michael. In: Neue Deutsche Biographie, Bd. 3, Berlin 1957. – Ders.: Der Englische Garten, 1789–1989, München 1989. – Ders.: Wirtschaftsgeschichte Münchens. Von den Anfängen bis zur Gegenwart, München 2011.
Schetar, Daniela / Köthe, Friedrich: Münchner Schmankerl für Münchner Kindl und Zugroaste, Meßkirch 2013.
Schiedlausky, Günther: Tee, Kaffee, Schokolade. Ihr Eintritt in die europäische Gesellschaft, München 1961.
Schivelbusch, Wolfgang: Das Paradies, der Geschmack und die Vernunft – Eine Geschichte der Genussmittel. Frankfurt a. M. 1990.
Schwarz, Dietrich: Getränke und Trinksitten an der Wende vom Mittelalter zur Neuzeit, in: Kaffee im Spiegel europäischer Trinksitten, Zürich 1991, S. 23–34.
Selig, Wolfram (Bearb.): Chronik der Stadt München 1945–1948, München 1980.
Spode, Hasso: Der „Grosse Ernüchterer". Zur Ortsbestimmung des Kaffees im Prozess der Zivilisation, in: Kaffee im Spiegel europäischer Trinksitten, Zürich 1991, S. 219–234.
Stahleder, Helmuth: Chronik der Stadt München III, Erzwungener Glanz. Die Jahre 1706–1818. München 2005.
Stumberger, Rudolf: München ohne Lederhosen, ein kritisch-alternativer Stadtführer, 2 Bde., Aschaffenburg 2016/17.
Teuteberg, Hans-Jürgen: Kaffee, in: Hengartner, Thomas/Merki, Christoph Maria: Genussmittel. Eine Kulturgeschichte. Frankfurt a. M.–Leipzig 2001, S. 91–132.
Tworek, Elisabeth: „... und dazwischen ein schöner Rausch". Dichter und Künstler aus aller Welt in München, München 2008. – Dies.: München, München 2012. – Dies.: Literarisches München zur Zeit von Thomas Mann. Von der Boheme zum Exil. Bilder, Dokumente, Kommentare, Regensburg 2016.
Valentin, Hans E.: Café Luitpold. Eine Münchener Institution, München 1973.
Wendt, Gunna: Münchner Boheme im Kaffeehaus: Monacensia Literaturarchiv und Bibliothek, https://www.literaturportal-bayern.de/literaturland?type=trip&id=140.
Westenrieder, Lorenz von: Hundert Sonderbarkeiten, oder das neue München im Jahr 1850, 2 Bde, München 1824. – Ders.: Beschreibungen der Haupt- und Residenzstadt München, München 1782.

Wilhelm, Hermann: Die Münchner Bohème. Von der Jahrhundertwende bis zum Ersten Weltkrieg. München 1993.
Zischka, Ulrike / Ottomeyer, Hans / Bäumler, Susanne (Hg.): Die anständige Lust. Von Esskultur und Tafelsitten, München 1993.

Bildnachweis

Bayerische Staatsbibliothek, München (Bildarchiv): S. 65, 70, 99
Bayerische Staatsgemäldesammlung, München: S. 42 (Neue Pinakothek; https://www.sammlung.pinakothek.de/de/bookmark/artwork/ma4dDEp4rO; CC BY-SA 4.0)
https://commons.wikimedia.org: S. 50 (Thomas Quine – Antique coffee substitutes, CC BY 2.0)
Münchner Stadtmuseum: S. 19 (Sammlung Graphik/Gemälde)
Sammlung Café Luitpold: S. 85, 88, 91, 107
Stadtarchiv München: S. 57, 59, 61 l. und r., 68, 81, 93, 103, 113, 117, 124
Studio Loriot: S. 97 (Sammlung Café Luitpold)
Valentin-Karlstadt-Musäum, München: S. 110
Umschlagmotive: vorne: „Im Caféhaus, München". – Gemälde von Robert Köhler, um 1887 (Bildarchiv Preußischer Kulturbesitz, Privatsammlung), hinten: Das „Straßencafé Luitpold", um 1930 (Sammlung Café Luitpold)

Dank

Ein herzlicher Dank geht
- an alle Cafébesitzer, die mir Informationen über ihr Lokal zukommen ließen,
- an Charlotte Meinardus-Stelzer, Leiterin der Sammlung *Café Luitpold & Archiv* (München), für die freundliche Beratung und hilfreiche Unterstützung mit Dokumenten und Archivmaterial
- an Gerdi und Viktor Zettl für Hinweise und Tipps
- an den Herausgeber der Reihe *Kleine Münchner Geschichten*, Dr. Thomas Götz, für anregende Diskussionen
- an Lektorin Christiane Abspacher M. A. und Verleger Friedrich Pustet für die sehr gute Zusammenarbeit.

Bibliografische Information der Deutschen Nationalbibliothek
Die Deutsche Nationalbibliothek verzeichnet diese Publikation in der Deutschen Nationalbibliografie; detaillierte bibliografische Daten sind im Internet über http://dnb.dnb.de abrufbar.

ISBN 978-3-7917-2992-3

Umschlag-/Reihengestaltung und Layout: Martin Veicht, Regensburg
Satz: Vollnhals Fotosatz, Neustadt a. d. Donau
Druck und Bindung: Friedrich Pustet, Regensburg
Printed in Germany 2018

Diese Publikation ist auch als eBook erhältlich:
eISBN 978-3-7917-6142-8 (epub)

Weitere Publikationen aus unserem Programm
finden Sie auf www.verlag-pustet.de
Informationen und Bestellungen unter verlag@pustet.de